カリスマ家庭教師のワザを親子で実践!

中学受験 必勝ノート術

中学受験専門カウンセラー・算数教育家
安浪京子

ダイヤモンド社

合格する子のノート

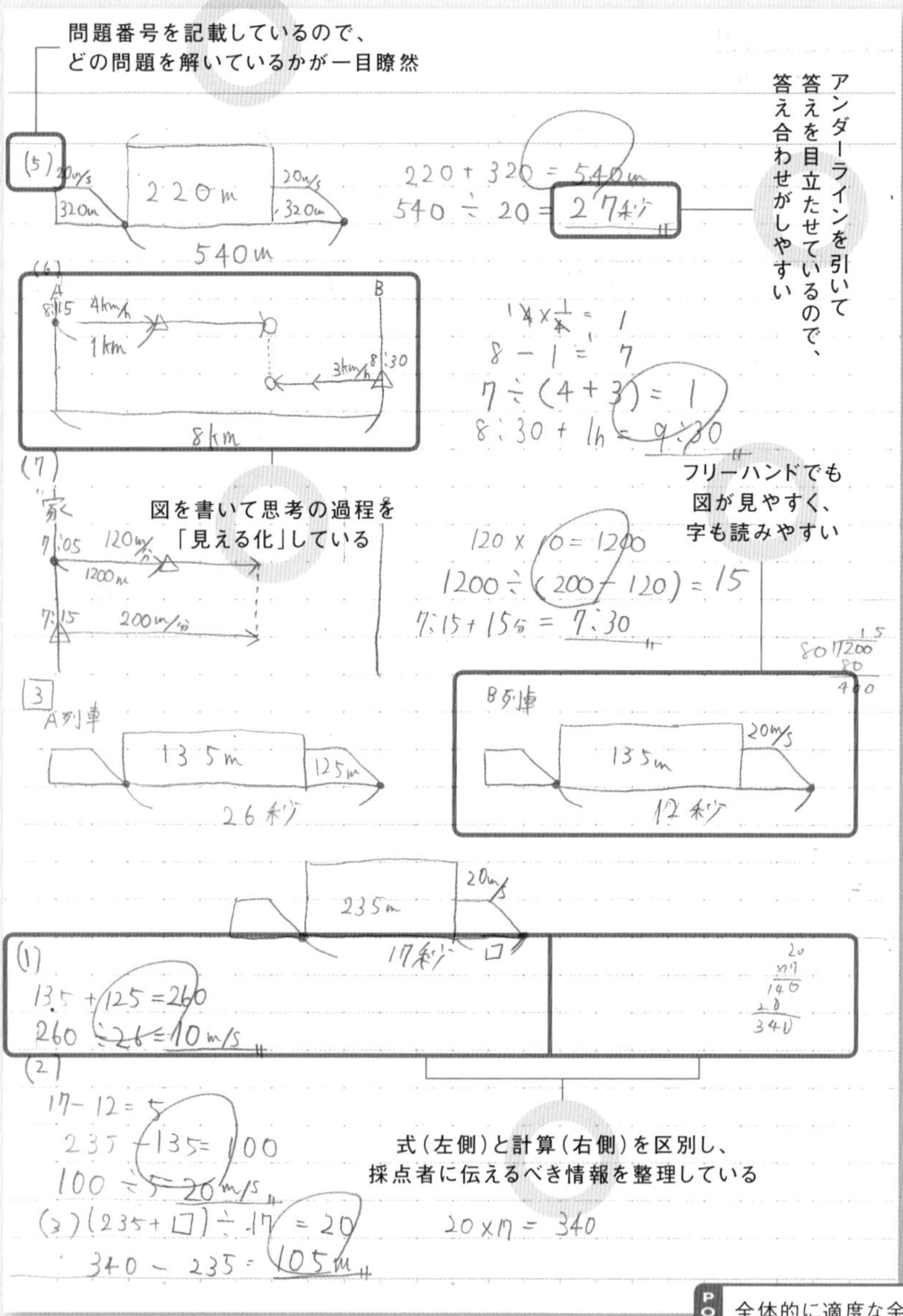

問題番号を記載しているので、
どの問題を解いているかが一目瞭然
アンダーラインを引いて答えを目立たせているので、答え合わせがしやすい
図を書いて思考の過程を
「見える化」している
フリーハンドでも
図が見やすく、
字も読みやすい
式（左側）と計算（右側）を区別し、
採点者に伝えるべき情報を整理している

POINT 全体的に適度な余白があり、見やすい。

不合格になる子のノート

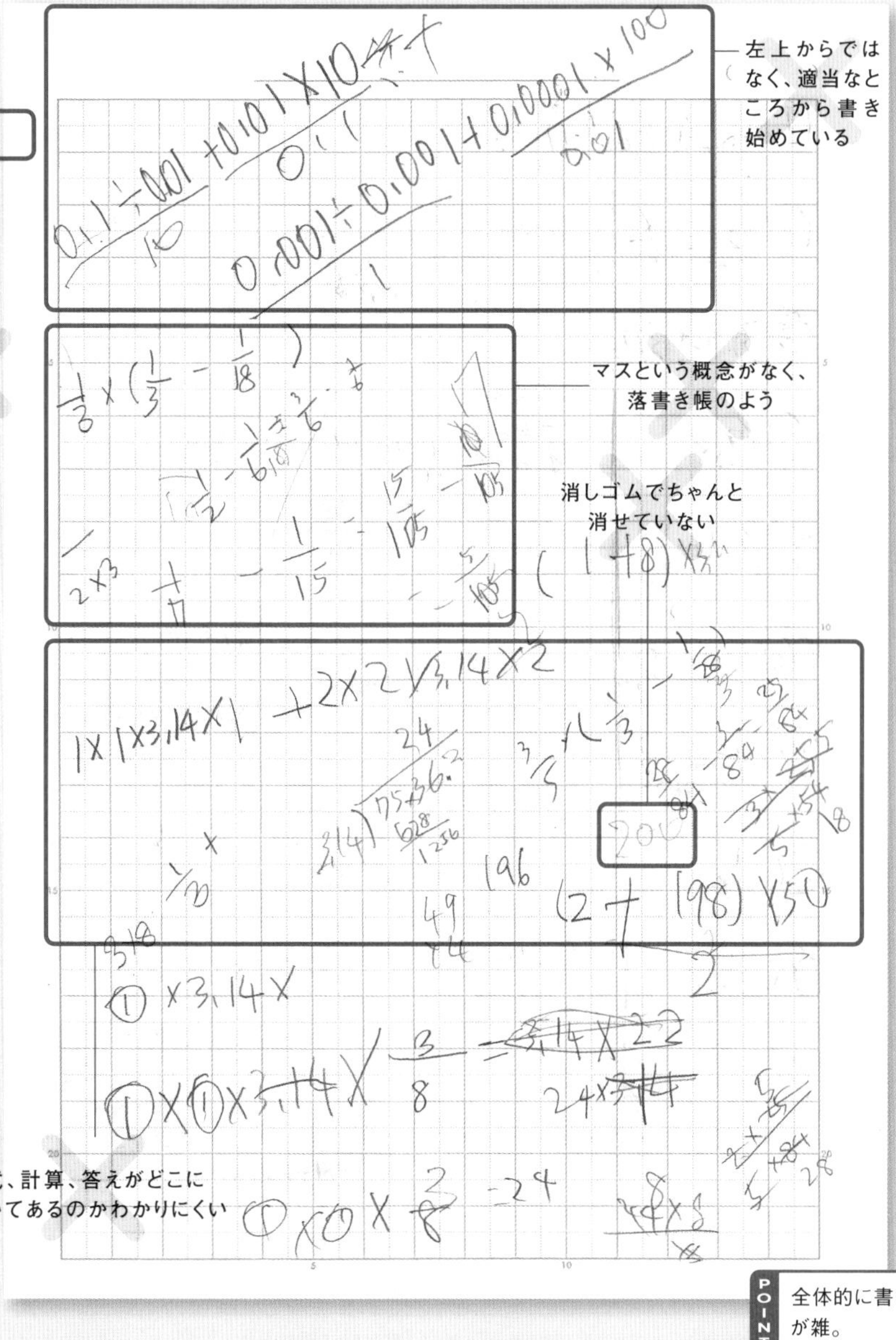

左上からではなく、適当なところから書き始めている
問題番号が書かれていないので、どの問題を解いているかわからない
マスという概念がなく、落書き帳のよう
消しゴムでちゃんと消せていない
式、計算、答えがどこに書いてあるのかわかりにくい

POINT 全体的に書き方が雑。

ノートが変われば成績は上がる

私は大手塾で算数講師の経験を積んだ後、算数専門のプロ家庭教師として約20年間、2000人以上のお子さんを指導してきました。その経験から、ノートをひと目見ると、その子の学力がわかります。伸び悩んでいる子というのは、例外なくノートが汚いものです。

- 好きなところに適当に書いて、落書き帳のようになっている
- メモのように字が小さくて薄い／なぐり書きのように字が大きい
- ぎゅうぎゅう詰めに書き、どこに何が書かれているのかわからない

ノートは、落書き帳でもメモ用紙でもありません。ノートとは、思考を整理して、それを自分や相手（採点者）に伝える練習をするための道具です。しかし、そのことをわかっていない子どもたちがたくさんいます。あるいは、保護者の方もノートの価値を低く見積もっているかもしれません。

けれども、私はプロ家庭教師として、子どもたちが「ノートを書いているところ」を長年リアルタイムで見てきたからこそ、確信しています。

「ノートの正しい書き方を知らずして、学力は上がらない」と。

ノートの書き方を教えたら、あっという間に50点アップ！

カウンセリングでA君と出会ったのは5年生の夏前。最初に〝現状〟を知るために模試の結果を見せてもらうと、偏差値は55前後ありました。次いで見せてもらったのは「問題用紙」です。「どう解いて（書いて）いるか」を確認し、模試の結果と子どもの学力に整合性があるかどうかを判断します。

A君の問題用紙は、落書きと見まごうメモ書きで、計算問題も最初から間違えていました。このままでは成績が下がっていくのが自明でした。

「〝速さ〟が苦手なので教えてください」と言われましたが、**最初にしたのは、算数の日々の計算ノートの使い方を教えること**です。

「ノートを区切って、式と筆算をわけようね。問題番号を書いて、問題は必ず写そうね」「字のサイズをそろえて書いてごらん。消しゴムはちゃんと使おう」といったことを、A君が自分でできるようになるまで30分かけて教えました。書きあげたノートは今までと別人のよう。ご両親も「ウチの子、こんなにきれいに書けるんですね！」と驚いていました。

その後、模試で間違えた問題をピックアップし、**「今みたいな書き方で解いてごらん」と促すと、50点アップ！** 喜ぶA君に「模試や入試でいきなり式を書けるようにはならないよ。毎日、ちゃんとノートの罫線に沿って、きちんと式を書けば合格できるよ！」と伝えました。

それからA君は、苦手と言っていた〝速さ〟も線分図の書き方をきちんとマスターし、次の模試では偏差値10アップ！　その後、第一志望に見事合格しました。

中学3年生の時に数学のノートを見せてもらう機会があり、理路整然としたノートに成長を感じました。ノートは、子どもの学力の「成長の記録」でもあります。

手元を見ている家庭教師だからこそわかる「ノートの重要性」

指導で横に座っていると、子どもはノートの書き方、ひいては勉強の仕方そのものを知らないということがよくわかります。

顕著なのは、思考を伴わない書き方をしているケースです。とても丁寧に書かれたノートの場合、保護者の方は「よく頑張っている」と感心するかもしれません。ところが、書いている様子を近くで見ていると**〝ただ書き写しているだけ〟というケースがどれほど多いことか。**問題を読み、少し考え（た気になっ）てから解説を左から右へ書き写す、あるいは田んぼの田の字の縦棒だけをダーッと書いて、次に横棒をダーッと書くような〝作業ノート〟もあります。

このようなノートの書き方では頭をほとんど使わないため、いつまでたっても学力は上がりません。しかも、完成したノートはそれなりに美しいため、「うちの子はちゃんと勉強している」と、お子さんが抱えている問題に気づかないまま時間を浪費していくこともあります。

しかし、ノートの正しい書き方を習得すれば、学習効率が上がり、点数も上がり、子どものやる気もアップして、合格に大きく近づくことができます。

もちろん、中にはノートをちゃんと書かずとも偏差値の高い子がいます。

ひとつは、算数オリンピックで金賞をとるような子。この手のギフテッド系の子は、思考をノートに書き出さなくても、頭の中で解くことができます。

もうひとつは、偏差値60前後で「算数が得意」と自負している4、5年生。実はこの手のお子さんは、要注意です。**面倒だからと言って計算の式を省いたり、ノートをろくに書かずにいたりすると、6年生になってみるみる成績が落ちていきます。**なぜならば、6年生の内容は一気に複雑に、そして高度になり、とても頭の中だけでは処理できなくなるからです。

つまり、よほどの天才ではない限り、ノートの書き方を早いうちから習得しておくことが、学力向上につながるということです。

また、長い目で見ても、ノートを正しく書けるようになることは大いにプラスになります。なぜなら、物事を論理的に考えて相手にわかりやすく伝えるという、コミュニケーションの肝が身に付くからです。**ノート術は、一生モノの技術**でもあるのです。

必要最低限かつ効果が高い「コスパのよいノート術」を紹介

すでに世の中には、中学受験に役立つノート術の本が出ています。それらに掲載されている、最難関校に合格した優秀な子たちのノートを見ると「すごいなぁ」と感心しますが、いわゆる「普通の小学生」にはハードルが高いように感じます。また、「これを全部やっていたらとても時間が足りない」という話もよく聞きます。そこで本書では、次のことを意識して内容を構成しました。

- 対象は中学受験をする一般的な小学4年生〜6年生（ギフテッドを除く）
- ちょっと気を付けるだけで得点力がアップする具体的な方法
- 個人差に関係なく、全員におすすめする「基本ノート」（NG例は青、OK例はオレンジのアイコン）と余裕があれば作ると効果的な「発展ノート」（緑のアイコン）を紹介
- すぐに実践できるように、勉強の内容には極力踏み込まない
- 親が問題を書き写すなど、大変なのにリターンが少ない作業は推奨しない

中学受験は、勉強の内容も難しいため、親ができることは決して多くはありません。しかし、**ノートをどのように使うか、どうやって書くか**は教えることができます。そして、それは学力を上げることに直結します。

この本をお読みいただくことで、受験勉強を頑張っているお子さんの力が最大限発揮され、ご家族にとって実りある受験となるよう心より応援しています。

CONTENTS

合格する子のノート　不合格になる子のノート 002
ノートが変われば成績は上がる 004
本書を読む前に――ノート術を子どもに教えるときの親の心がまえ 014

序章
なぜノートが合否の鍵を握るのか？

01 ノートを見れば合格するかどうかわかる 016
02 テストの「解答力」はノートで育つ 018
03 「学力の蓄積」はノートで見える！ 020
04 ノートを書けない子が増えている 022
05 危険が潜む〝きれいすぎる〟ノート 024
06 目指すのは〝合格に直結する〟ノート 026
序章のまとめ 028

第1章
意外と知らない！ ゼロからわかるノートの作り方

01 中学受験にはどんなノートが必要か？ 030
02 【教科別・学年別】こんなノートが使いやすい 032
03 〝ぐちゃぐちゃにならない〟ノートのシンプル整理術 036
04 筆記用具の選び方も重要な鍵 038
05 必要になるノート、テキストの総量を知る 040
06 ノートをケチってはいけない！ 042
07 見るべきは、子どもがノートを「書く過程」 046
08 どんなノートでも褒めるところを見つける 048
第１章のまとめ 050

第2章
最も明暗がわかれる「算数」のノート術

01 算数は〝ちょっとしたこと〟で点数が上がる！ 052

02 できてない子が多い！ 算数ノートの「基本の5か条」 基本ノート 054
03 解くスペースが狭いだけで、ミス多発！ 基本ノート 060
04 成績が上がる「答え合わせ」の仕方 基本ノート 064
05 「計算ノート」で子どものコンディションを把握する 基本ノート 068
06 図形や線分図を書くときの最重要ポイント 070
07 知っているとミス激減！「書き順」と「書き出し」のコツ 076
08 「間違いノート」を作って苦手分野をあぶり出す 発展ノート 080
09 自分専用「お宝ノート」ができたら完璧！ 発展ノート 084
10 ノートもテストも「書き方」は同じ 086
第2章のまとめ 088

第3章 フィーリングに頼らない「国語」のノート術

01 国語の苦手な子ほどノートのフル活用がおすすめ 090
02 問題を使い倒す「演習ノート」の作り方 基本ノート 092
03 「漢字ノート」は親子の交換日記感覚で 基本ノート 096

04 物語文の読解力を培う「場面わけノート」 発展ノート 098
05 説明文の読解力を培う「論理ノート」 発展ノート 100
06 得点力を上げる「記述ノート」 発展ノート 102
07 語句をまとめるなら「心情語ノート」だけでいい 発展ノート 106
第3章のまとめ 108

第4章 情報を整理する「理科」のノート術

01 理科はノートで記憶を呼びおこす 110
02 次は正解できる「演習ノート」の作り方 基本ノート 112
03 情報を整理し覚えやすくする「まとめノート」 発展ノート 116
04 【生物・地学】リアルすぎる図を目指さない 118
05 【物理・化学】作図やグラフはポイントを押さえフリーハンドで 120
06 受験で頻出！ ノートに書いて覚えたい図&表 122
第4章のまとめ 124

第5章

時間対効果を重視した「社会」のノート術

01 社会は全分野をノートにまとめる必要はない 126
02 合否をわけるのは「答え合わせ」と「直し方」 基本ノート 発展ノート 128
03 最小の努力で最大の効果が出る「まとめたほうがよい単元」 132
04 【地理】自然地形→都市の順で、白地図に書き込む 発展ノート 134
05 【歴史】江戸中期までと戦後は「人」で年表を作る 発展ノート 136
06 【公民】パッケージ化すると頭に入る10のこと 発展ノート 140
第5章のまとめ 142

第6章

合格力を高める「過去問ノート」の作り方

01 「過去問ノート」は志望校別ではなく教科別に作る 発展ノート 144
おわりに 148
特別公開！ きょうこ先生が我が子に作る勉強環境 153
算数以外の教科の協力者プロフィール 158

＊本書では、全員が作ったほうがよいノートを「基本ノート」、時間的余裕や得意・不得意など子どもの状況に合わせて作るべきノートを「発展ノート」として記しています。
なお、本書の情報は、2021年6月現在のものにもとづいています。

＼ 本書を読む前に ／

ノート術を子どもに教えるときの親の心がまえ

この本には様々な「ノウハウ」が載っているので、つい「こうすれば良いのか!」と親の肩に力が入りがちです。もちろん、正しい勉強法を知り、学力を上げるためにどんどん活用してほしいですが、お子様の能力を最大限に伸ばすために、ぜひ以下を心がけてください。

①完璧を求めない

本書には「OKノート例」以外に、比べ物にならない量の「NGノート例」があります。そしてNGノートのほとんどが6年生のものです。「OKノート例」を大人の目で見ると、「すぐにできそう」「些末《さまつ》なこと」と思いがちですが、実際はそれほど簡単ではありません。無理やり書かされたノートは子どもに何のノウハウも残しません。子どもの様子を見ながら「今日はどこまで求めてよいか」を考えて接してください。

②とにかく褒める

今まで雑に書き散らかしてきた子どもにとって、「ルールに沿って丁寧に書く」というのは非常に面倒でハードルの高い作業です。少しでもノートの書き方を改善しようという姿勢が見られたら、最大限褒めてあげてください。

③親子で一緒に取り組む

“親がノウハウを吸収して子どもに教える”スタイルは、親子喧嘩を引き起こしやすくなります。子どものノートを手元に置き、OK例とNG例を照らし合わせながら「こうするといいんだね」「これならできそう」と、子どもの目線に立って一緒にノートを作っていきましょう。

最後に——

ノートは子どもの学力だけでなく、心身の状態を顕著に反映します。字の乱れや低い正答率が続くときは子どもからのSOS。子どもをよく観察し、会話して“勉強より大切な部分”に目を向けるきっかけにもしていただければと思います。

序章

なぜノートが
合否の鍵を握るのか?

01 ノートを見れば合格するかどうかわかる

〝模試であるある〟のこんな光景……。「算数はできた！　100点！」と言って子どもが会場から出てきたのに、返却された答案を見ると全然点数が取れていない！　実際に返された算数の問題用紙・解答用紙を見ると、転記ミスや計算ミスが非常に多いのです。

なぜこのようなことが起きるのかというと、**子どもは解法が見えたことを「できた」と思う**からです。しかし、算数は正しい数字を書かないと正解にはなりません。

そして恐ろしいことに、これは入試でもよくあることです。解き方はわかっていたのに、緊張や焦り、日ごろの書き方のクセなどによって正しく書けず、残念ながら不合格になってしまう子はたくさんいます。

この悲劇を防ぐためには、日ごろから丁寧に書く練習をしておくことが非常に大切です。

丁寧に書くのは、面倒くさいことです。

しかし、受験はある意味、忍耐の勝負でもあります。

遊びたいのを我慢するのはもちろん、知識問題を覚えたり、自分が興味のない分野にも取り組まねばなりません。こういう面倒くさいこととどう向き合ってきたかが入試では問われるのです。

だから、**文字を丁寧に書く、式を端折《はしょ》らずに書く、自分を律してコツコツとノートを書くといったことがすべて、合格につながっていきます。**

ノートで思考の過程を可視化する練習が大事

特に算数は、問題文の時系列にそって図や式を書けるかどうかが、得点力に直結します。

「速さ」の問題ならば、〝子どもが家を出て10分後にお父さんも家を出ました。途中で忘れ物に気付いた子どもがお父さんと出会い……〟と問題文が何行も続くため、情報を可視化して整理しなければ（線分図の作成）、解法の糸口が見つかりません。

可視化された情報（線分図）を見て初めて、今度は思考を整理し、理解を深めていくことができます。

このことは同時に時間の節約にもなります。「いちいち書き出していると時間がかかる」と思う子もいるようですが、むしろ逆です。テストの見直しや指導のときも、**思考過程が書いてあれば、どこでつまずいたかをすぐに発見できます**が、書かれていないと一から考え直さねばならず、非常に時間がかかります。

このような、書き方の技術と時間の使い方が合否をわけると言っても過言ではないでしょう。

02 テストの「解答力」はノートで育つ

学習カウンセリングなどで子どもと会話をしてみると「この子賢いな」と感じても、テストでは全然点が取れていないというケースがあります。でも、ノートを見せてもらうと納得です。まったくアウトプットの練習ができていないからです。

地頭《じあたま》がよく、面倒くさがりな子は、「書かなくても感覚でわかるじゃん」と、書くことを嫌がります。しかし、どのように考えてこの答えにたどり着いたかを、筋道立てて伝えられなければ、それは学力とは言えません。

入試で求められる学力とは、文字、式、図などを採点者に伝わるように解答する力＝アウトプット力のことなのです。

さらに最近の入試は、どの科目も解答を記述させる学校が増えています。論理的に考える力、それを伝わるように書く力が求められているのです。左ページで紹介しているのは、難関校２校の算数の問題です。かなり「書くスペース」が大きいですよね。この傾向は難関校に限ったことではないので、〝書く〟練習のためには、やはりノートが最適なのです。

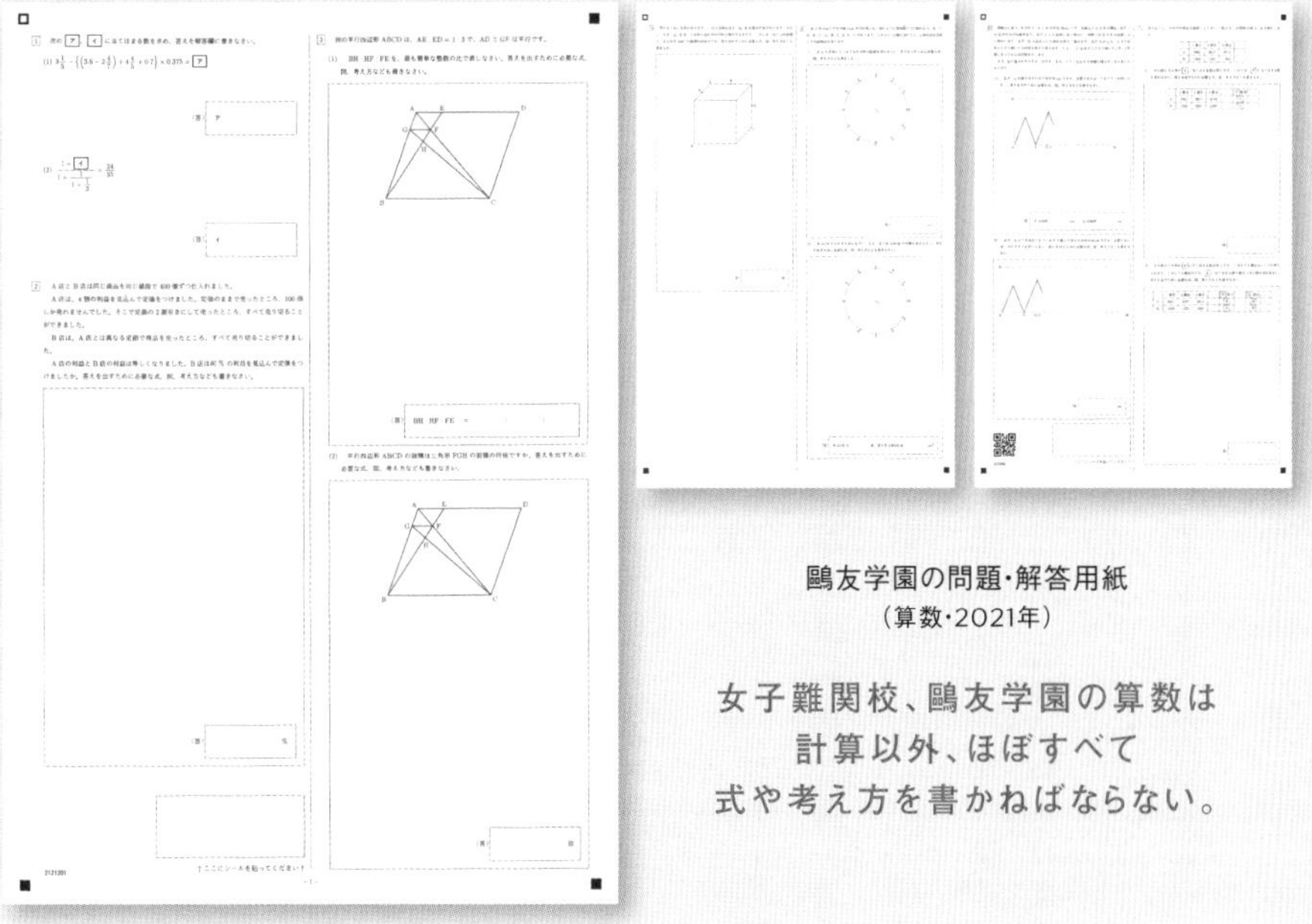

鷗友学園の問題・解答用紙
（算数・2021年）

女子難関校、鷗友学園の算数は
計算以外、ほぼすべて
式や考え方を書かねばならない。

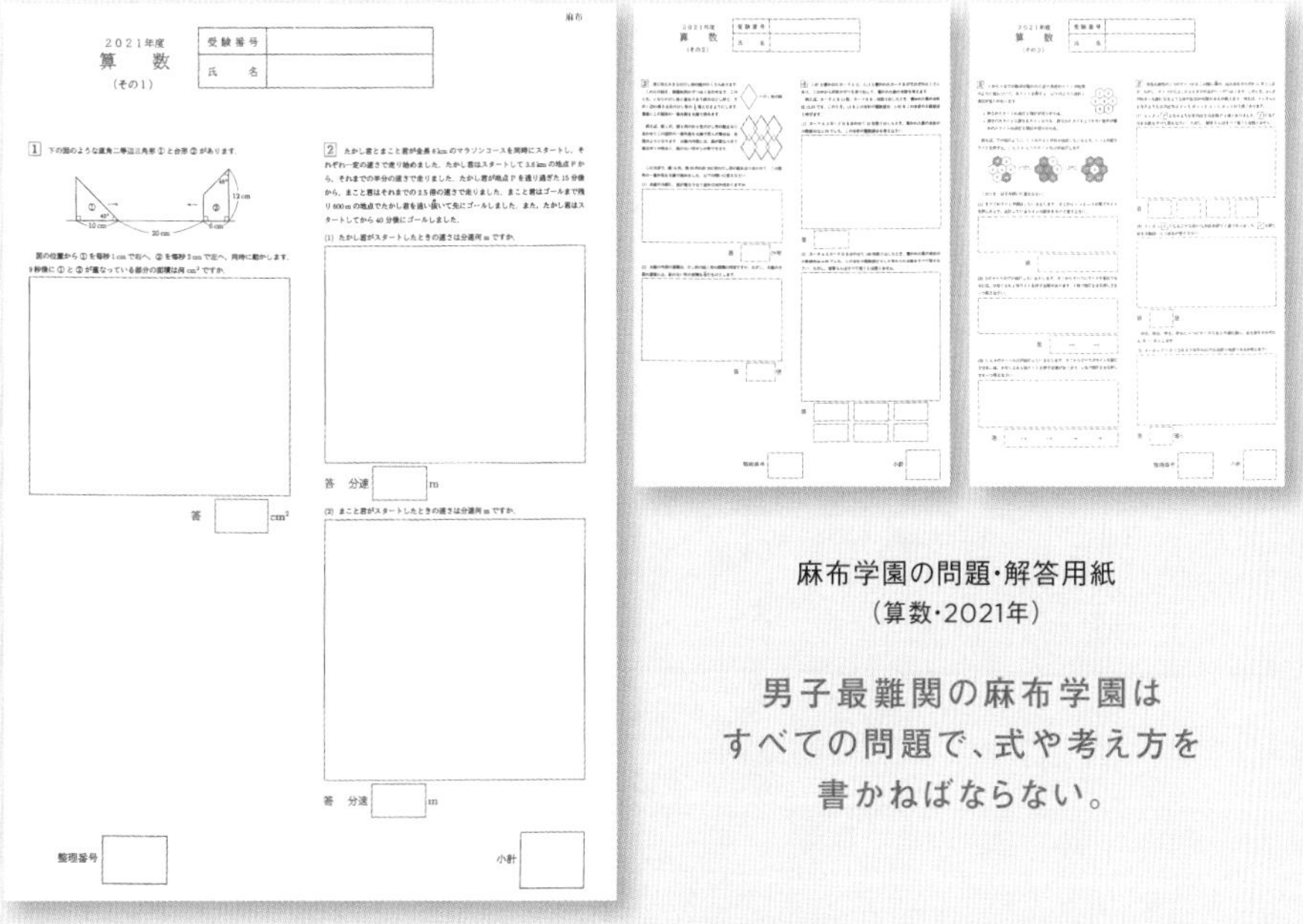

麻布学園の問題・解答用紙
（算数・2021年）

男子最難関の麻布学園は
すべての問題で、式や考え方を
書かねばならない。

03 「学力の蓄積」はノートで見える！

「書く」練習をするだけなら、ノートじゃなくてもいいのでは、と思われる方もいらっしゃるかもしれません。解答を適当な裏紙に書いて、丸つけをしたらすぐに捨ててしまうご家庭は一定数あります。そんな時、私はいつも「栓の抜けた勉強」をイメージしてしまいます。受験勉強は、ちゃんと書き溜めることによって蓄積されます。裏紙に書いて捨てていくことは、お風呂の栓が抜けているような状態で、いっこうに湯（学力）が溜まりません。

適当な紙に書いて捨ててしまうと、まず見返すことができません。何より、解いている問題を知識として蓄えようという意識が育たず、その時間も使い捨てになります。 また、今は解けても、しばらくしたら忘れるのが人間です。「今、解けたから俺は完璧。もういらない」というのは傲慢そのもの。忘れることを前提に自分の軌跡を残し、積み上げていくことが大切なのです。

また、**ノートには「お守り」の効果もあります。** ノートは自分が頑張ったあかしなので、増えれば増えるほど達成感も高まります。私はいつも、入試の直前に今までのノートを積み上げて「こんなにやってきたんだ！」という自信を持ってもらいます。

子どもたちのノート。1冊1冊が頑張りのあかし

教材を重ねると背よりずっと高く!

6年生の1年間でこのくらいの量に

04 ノートを書けない子が増えている

家庭教師として約20年間、子どもが「ノートを書くところ」を見てきて感じるのは、**「ちゃんと書けない子が増えてきている」**ということです。

漢字のトメ・ハネがいい加減、まっすぐ線を引けない、円が書けないなど、高学年になってもノートを書く基盤となる部分すら身に付いていない子がたくさんいます。

近年は、小学生でもスマホやタブレットを使うようになり、書く機会が減っています。また、ノートの書き方を習うことは学校でも塾でもほとんどありません（先生の方針次第）。だから、**親がノートの書き方を教えてあげないと、子どもは6年生になってもずっと書けないまま**です。

「自分の頭で考えられる子になってほしいから、ノートの書き方も自分で工夫してほしい」と思われる気持ちもわかりますが、それは小学生にとってかなり高いハードルです。しかも受験という限られた期間内に、やらねばならないことは山ほどあります。

ノートの書き方を教えることは、勉強の環境を整える一環であり、それは親の役目です。本書を最後までお読みいただき、ぜひお子さんに教えてあげてください。

6年生になっても
ノートを書けない子が多い

NG

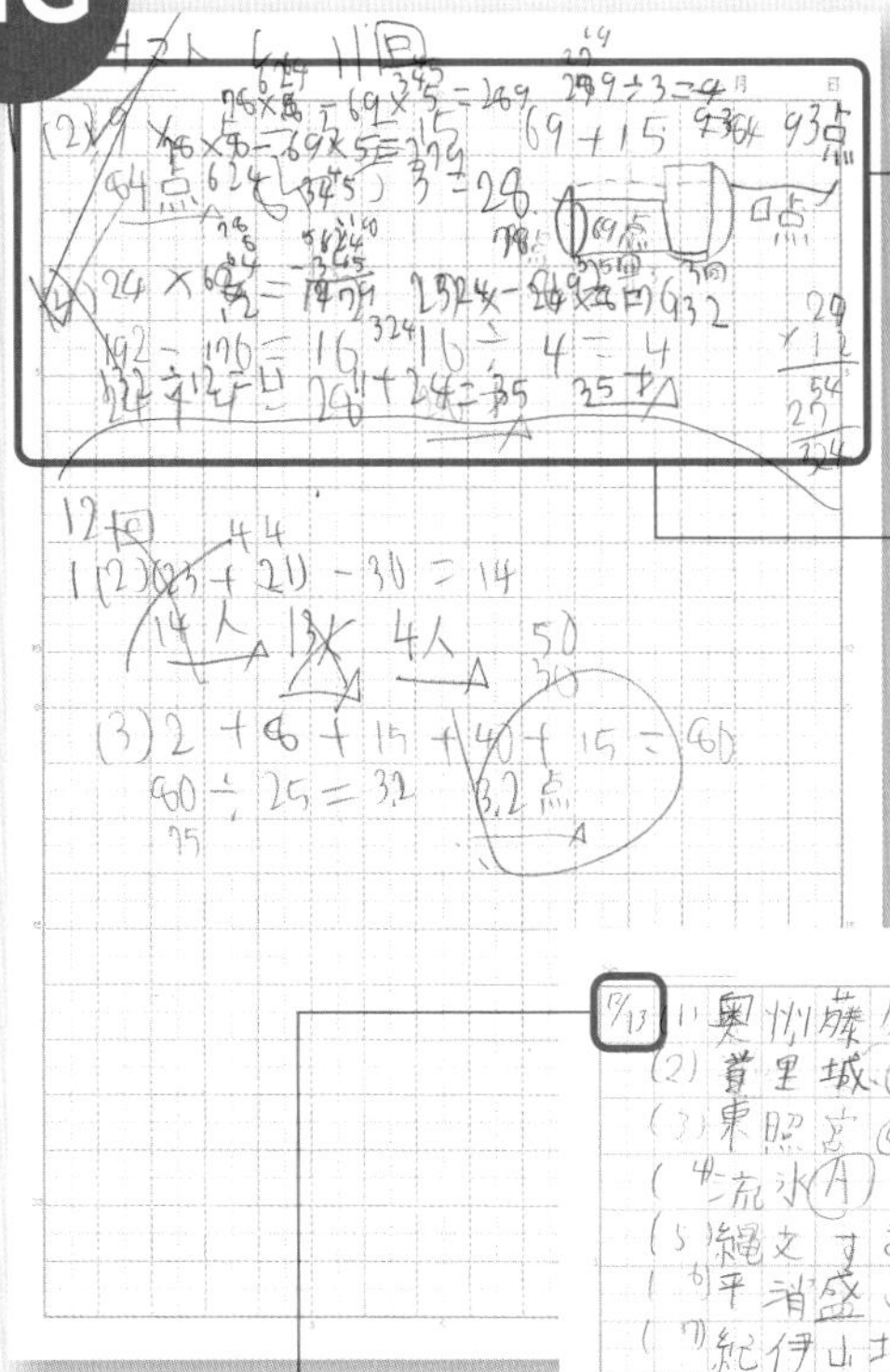

ぎゅうぎゅう詰めで
読みにくい

赤字を上に重ねて
直しているので
わかりにくい

NG

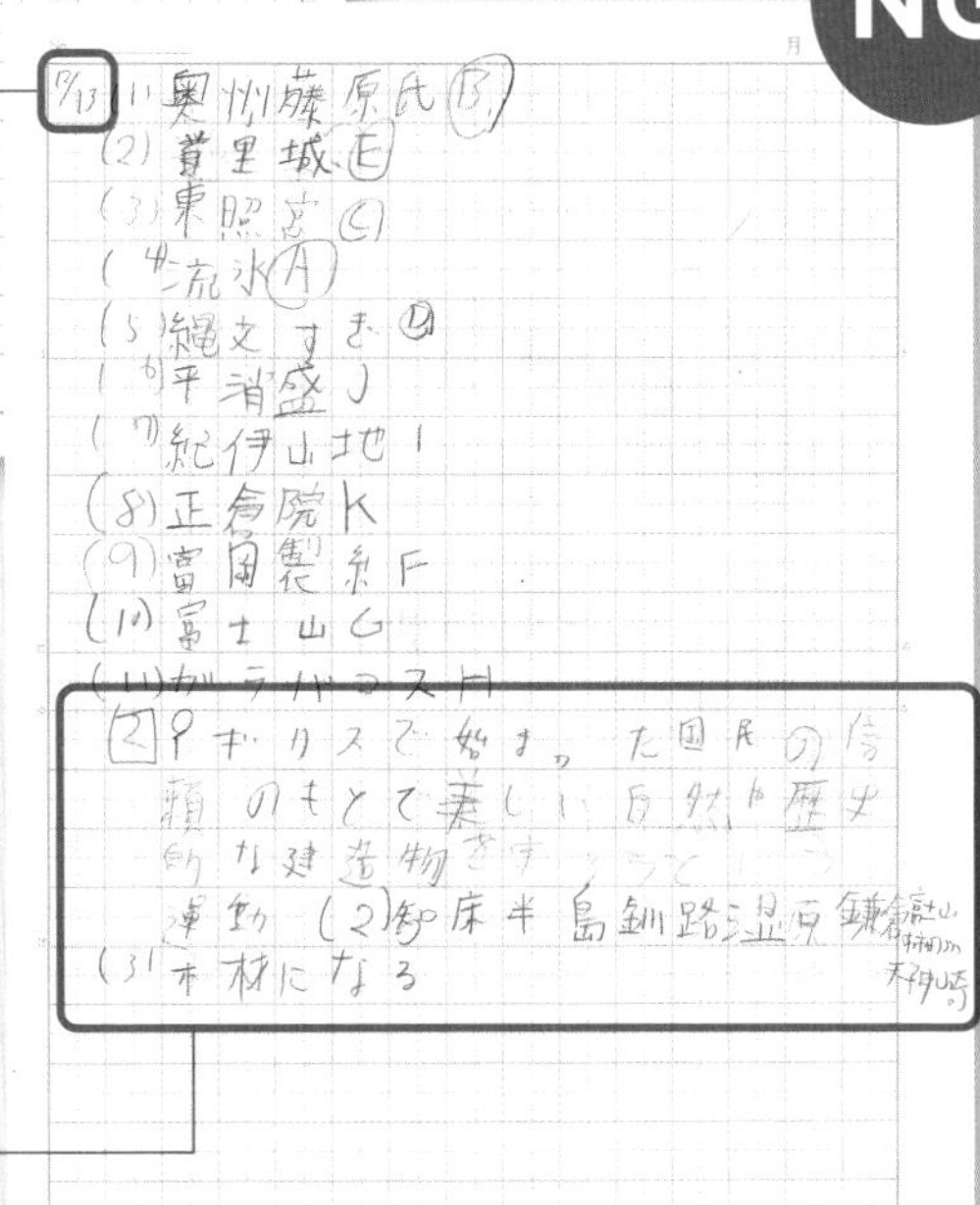

日付は書いているが
タイトルもページも
書いていないので
どこをやっているのか
後から見てわからない

字も汚く、消しゴムで
きちんと消せていない。
答え合わせもしておらず
〝ヤル気〟のないノート

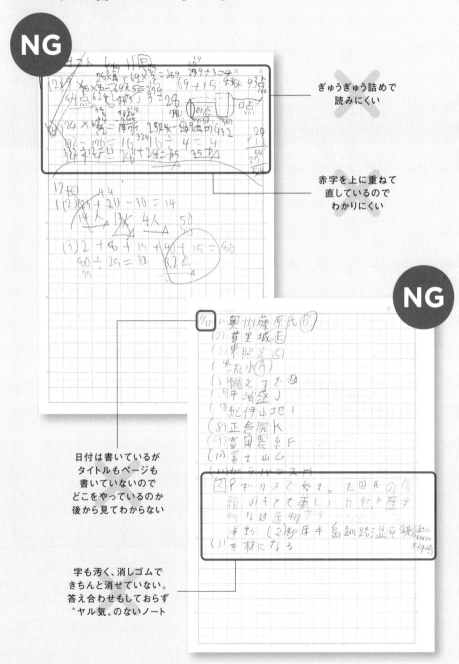

05

危険が潜む〝きれいすぎる〟ノート

「ノートをちゃんと書けるようになりましょう」と言ったときに陥りやすいのが〝きれいすぎる〟ノートを目指してしまうことです。

たしかに、きれいなノートは見やすいし、出来上がったときの達成感もあります。しかし、**それが目的になってしまうと、頭に汗をかかず、時間もかかりすぎます。**

例えば、私が**「写経ノート」**と呼んでいるノートはその典型です。文字が一糸乱れず並んでいて、まるで写経のよう。文字が自分の内側から出てきた場合は、どんなに丁寧であろうと試行錯誤の跡がにじみ出るので、多少のムラが生じます。でも、写経ノートにはそれがありません。自分の頭を介さず、ただ左から右に書き写しているだけだからです。

また、通称**「キラキラノート」**も注意が必要です。ペンを何色も使って、かわいくデコレーションしているノートですね。どこが大事なのかがわかりにくく、装飾が目的になるのは本末転倒です。

子どものノートが「写経ノート」や「キラキラノート」になっていないか注意してみましょう。

一見きれいだがNGの「写経ノート」と「キラキラノート」

NG

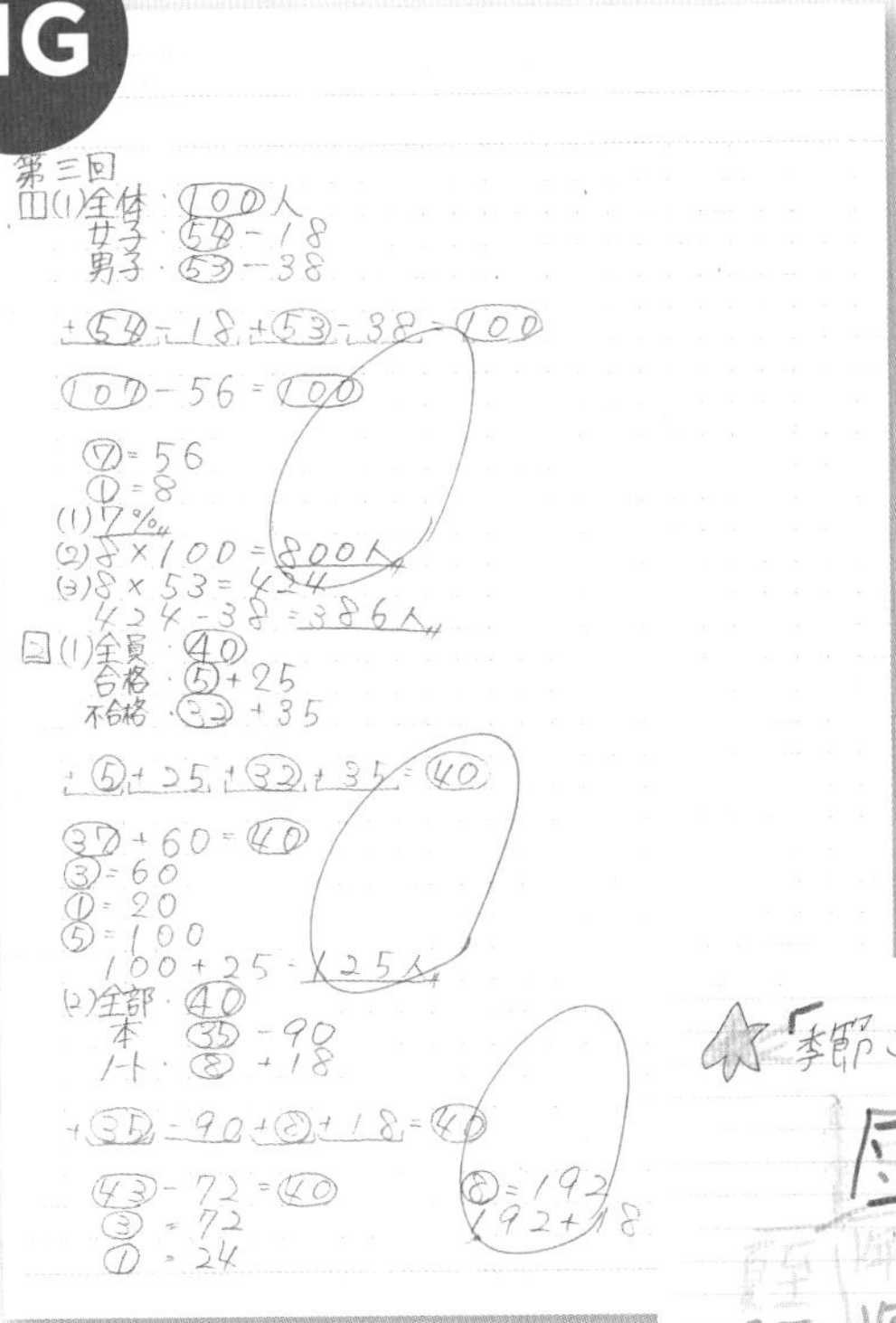

POINT
文字の大きさや文字間隔が完璧にそろっている写経ノート。美しいが、ただ書き写しているだけで思考のうねりが見られない。子どもがこのようなノートを作っていたら、一度、書いている様子をチェックしてみて。

NG

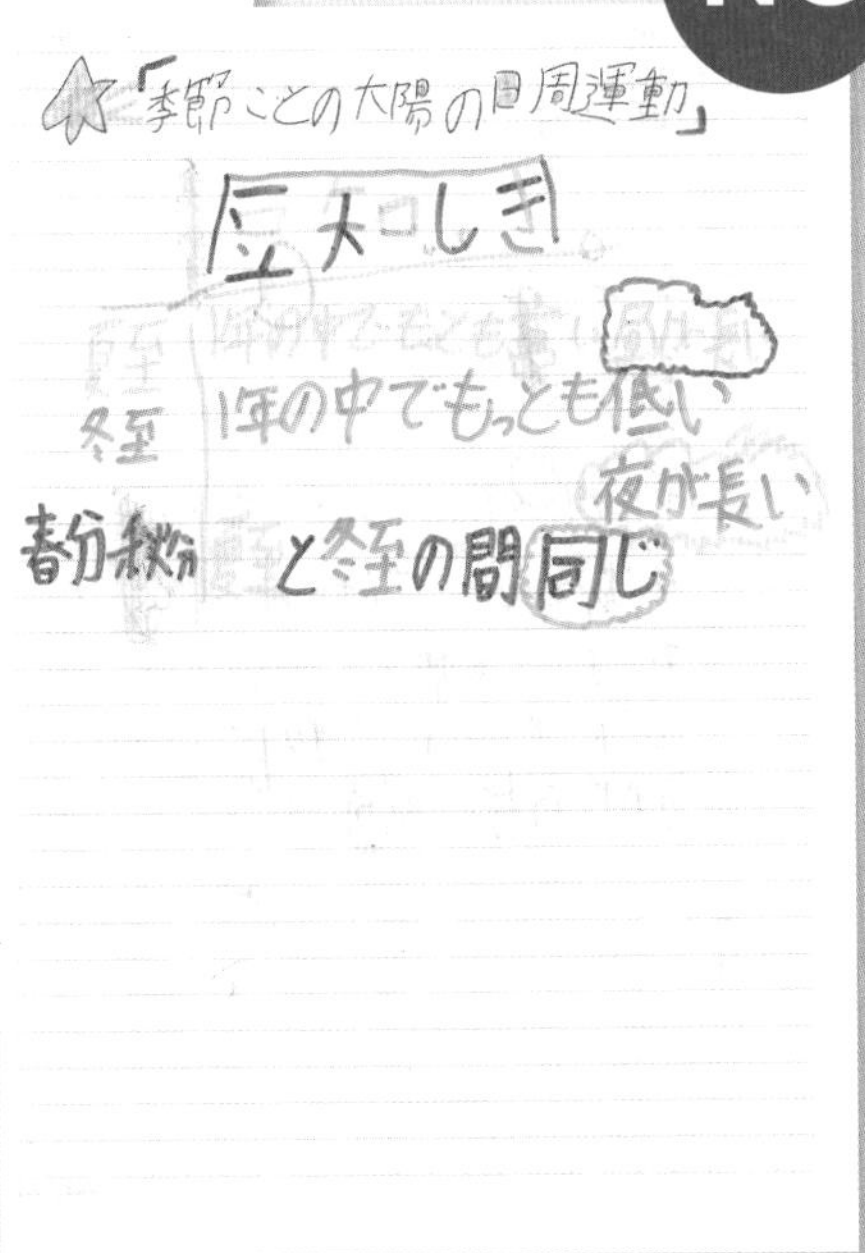

POINT
ノート作りが目的になっている通称「キラキラノート」。色ペンを使いすぎていて何が重要なのかわからない。

06

目指すの は “合格に直結する” ノート

私が考える**「よいノート」というのは、「後から見てわかりやすいノート」**です。家で宿題をしながら「あれ？　この問題どうやって解くんだったっけ」と思ったときに、その勉強をしたときのページにすぐに戻れるかということ。検索性が高くて、パッと見たときに、学んだことが目に飛び込んでくることが大切です。

そのためには、**字は丁寧なほうがいいし、ぎゅうぎゅう詰めではなく適度な余白があるほうがいいし、思考過程も書かれているほうが復習しやすい**のは当然ですよね。

そもそも、子どもは、「ノートを見返す」ということを知りません。書いたその瞬間に完結して、終わったノートは過去の産物になってしまいがち。

しかし、それはP20でお話ししたように、お風呂の栓が抜けている状態です。ノートに書いたものを何度も見返すことによって知識が盤石になります。だから、後から見てわかりやすいノートを作ることはとても大事です。

ところが、世の中に出まわっている受験のノート本の多くは、「後から見てわかりやすいノート」というよりは、「とにかくすごいノート」という印象が私にはあります。

紹介されている超トップレベルの子のノートを見ると、合格体験記を読んでいるようです。作成されたノートは大人顔負けで、「すごい子がいるもんだな」という感嘆と刺激はもらえるのですが、「うちの子には到底ムリだわ」とあきらめてしまうことが多いのではないでしょうか？

だから本書では、次のことを大切にしています。

普通レベルの子が飛躍的に効果を上げ、合格に直結するノート術

1、**特に成熟度の高くない、小学生らしい小学生が**

2、**ご自宅で少しご両親が教えてあげるだけで**

3、**すぐに効果が出て、飛躍的に力がつくものだけを紹介する**

私は算数が専門なので、国語・理科・社会はそれぞれのエキスパートに協力を仰いでノートの書き方を指南していただきました。

各教科や分野に応じて、〃わざわざノートにまとめるよりも問題集を解く方が効率的〃な、**「作らない方がいいノート」**を**詳しく紹介しているのも、本書の特徴のひとつ**です。ノート作りに一生懸命になりすぎて、勉強が二の次になる悲劇も一緒に防ぎましょう！

序章のまとめ

● 子どもは意外とノートが書けない

ノートの書き方が合否の鍵を握っているにもかかわらず、ちゃんと書けない子が多い。だからこそ、正しい書き方を教えるだけで驚くほど点が上がる。

● 入試本番のアウトプット力を鍛える

最近の入試は、算・国・理・社、どの科目においても解答を記述させる学校が増えている。本番で点を確実に稼ぐためには、ノートに書く練習をすることが必須。

●「自分を律する力」を育む

中学受験は、興味のないことも勉強する必要があるため、自分を律する力がないと合格できない。ノートに書く作業は面倒で大変。しかし、その積み重ねこそが自分を律する力を育み、合格につながる。

● 思考を可視化して整理する

特に算数は、情報を可視化して整理しないと解法の糸口が見つからない。だからこそ、ノートに書き出すことが大切。

● 成長記録&お守りになる

ノートの書き方を習得した後に、昔のノートを見ると、その違いに驚愕するはず。ノートを見返したり、直前期に使ったノートを積み重ねてみたりすることで、子どもは自分の成長を実感し、自信が持てる。

第 1 章

意外と知らない!
ゼロからわかる
ノートの作り方

基本編

01 中学受験にはどんなノートが必要か？

中学受験で使用するノートは、大きく3つにわけられます。

1、授業ノート

塾の授業の板書などを写すためのノートです。各塾が独自のものを用意していることも多いですね。また、板書をどのように写すかを塾の先生が指示することもあります。そのため、混乱を避けるためにも、本書では授業ノートの書き方については触れていません。

ただし、**板書を写すのが忙しくて理解が追い付かないなどの場合は、塾の先生に相談して、板書を残しておいてもらうなどの対策をとる必要があります。**お子さんに、授業ノートで困っていないかを聞いてみてあげてください。

2、基本ノート（主に演習ノート）

4〜6年生全員に必要で、学力を底上げするベースになるものです。**主に、宿題や問題集を解**

くときに使う演習ノートになります。

塾によっては宿題をプリントやテキストに書き込ませる場合がありますが、そうすると何度も解くことができません。また、プリントやテキストはレイアウトが決まっているため、解くスペースが足りなくなることがあります（詳しくはP61で説明します）。

したがって、そのような場合でも私は問題を解くための演習ノートを用意することをおすすめしています。基本的には**問題集ごとにそれぞれ専用のノートを、また、各授業での宿題等用にそれぞれ専用のノートを用意します。**

3、発展ノート

これは、全員が作る必要はありません。時間的余裕や得意・不得意など、お子さんの状況に応じて作成しましょう。間違えた問題を集めたり、自分が大事だと思ったポイントをまとめたりして、**自分だけのカスタマイズノートを作る**イメージです。

本書では、**科目ごとに「基本ノート」と「発展ノート」の作り方を紹介**しています。ノートの実例部分にそれぞれのアイコン（基本ノートはOK例はオレンジ、NG例は青、発展ノートは緑）を入れているので、そちらを参照して、お子さんに必要なノートを用意してあげてください。

02
【教科別・学年別】こんなノートが使いやすい

家庭教師をしていると、意外とノートに無頓着なご家庭が多いことに気が付きます。

ノート選びの大前提は「書きやすく、見やすく、使いやすい」こと。

書きやすさと見やすさは、ノート自体のサイズや罫、マス目のサイズなどが関係してきます。**学年や教科の特性によって、方眼がいいか、大学ノートがいいかも異なります。**また、表紙のデザインも重要です。デカデカとキャラクターが描かれていたり、紺や黒などの濃い色がベタ塗りされたりしていると、タイトルが書きにくくなります。もちろん、こういった表紙でやる気になるならば、それでもかまいません。

使いやすさは、ノートの仕様がポイントになります。リング式は手があたって書きにくいし、1枚目と最終ページが糸でつながっているようなタイプは、一方が破れるともう一方も取れてしまいます。また、**分厚いノートよりも30枚くらいのノートのほうが軽く、すぐに終わって達成感も生まれやすい**のでおすすめです。これらを踏まえたうえで、基本的にはP35の表を参考にノートを選んでみてください。そして、お子さんの様子を見ながら調整していきましょう。

中学受験で主に使うノート

方眼ノート

○リーダー罫なし

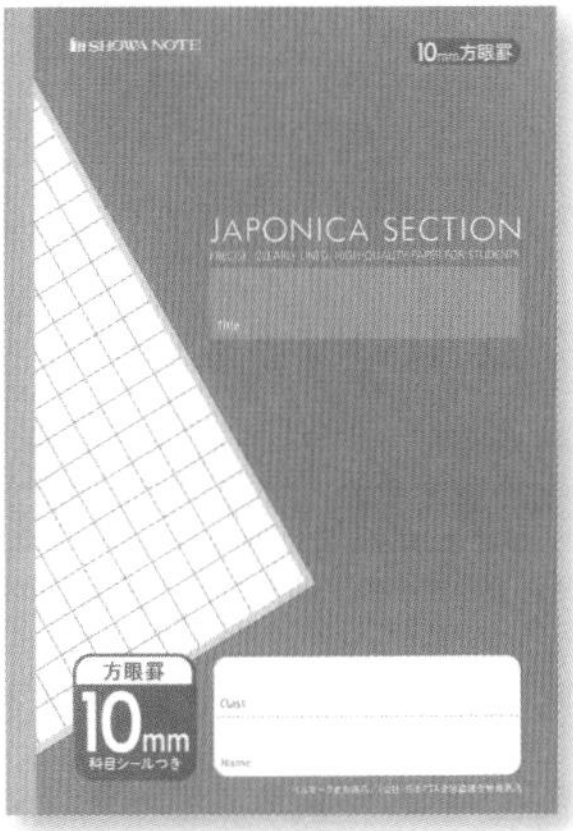

10mm、8mm方眼などがおすすめ。文字数が数えやすく国語の記述練習などに。縦線が薄く横線が濃いものは算数、理科、社会に向く。

○リーダー罫（点線）あり

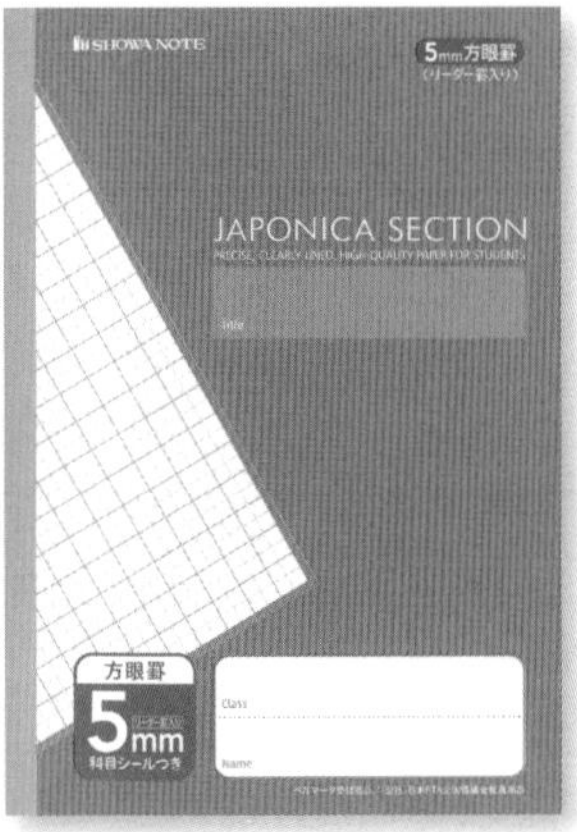

10mmマス（5mm方眼罫）がおすすめ。漢字を丁寧に書くのによい。算数で使うときは、縦の実線にとらわれて、数字が間延びしやすい。

大学ノート

○ドットなし

A罫（7mm）、B罫（6mm）、C罫（5mm）、U罫（8mm）、UL罫（10mm）があるが、小学生はA罫が基本。B罫は細いため、向き不向きがある。

○ドットあり

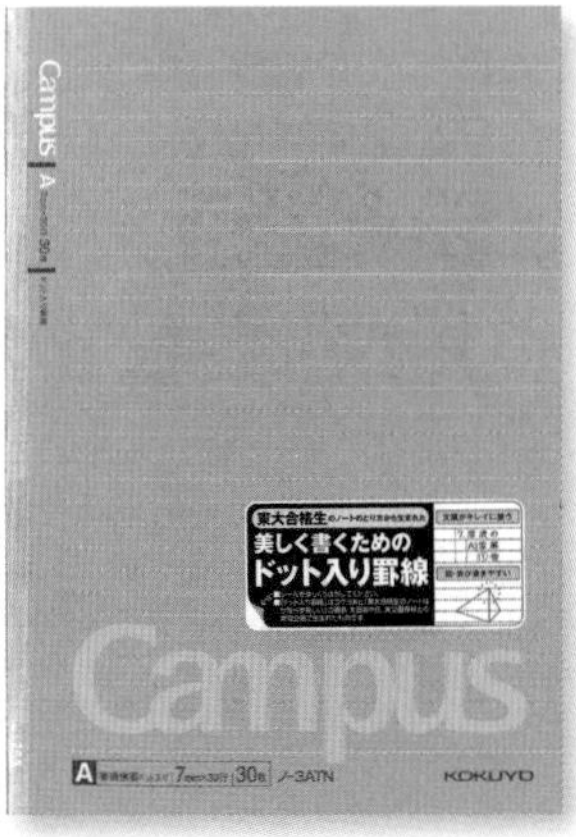

罫線上に小さなドットが等間隔で並んでいる。文頭を揃えやすい。縦線が書きやすく、ページの分割や、作図のときも便利。A罫がおすすめ。

POINT

ノートのサイズはB5サイズが定番。大きく使いたい場合はA4やプリントが貼れる少し大きなB5ノビというサイズもある。変わり種としては、普通のノートより軽い軽量サイズや、1行に3行のガイドラインがあるロジカルノートなども。30枚くらいが使いやすく、それより枚数が多いと、ノートを開いたときに書きにくくなる。

子どものノートは成長に合わせて選ぶ

（A子ちゃんの例）

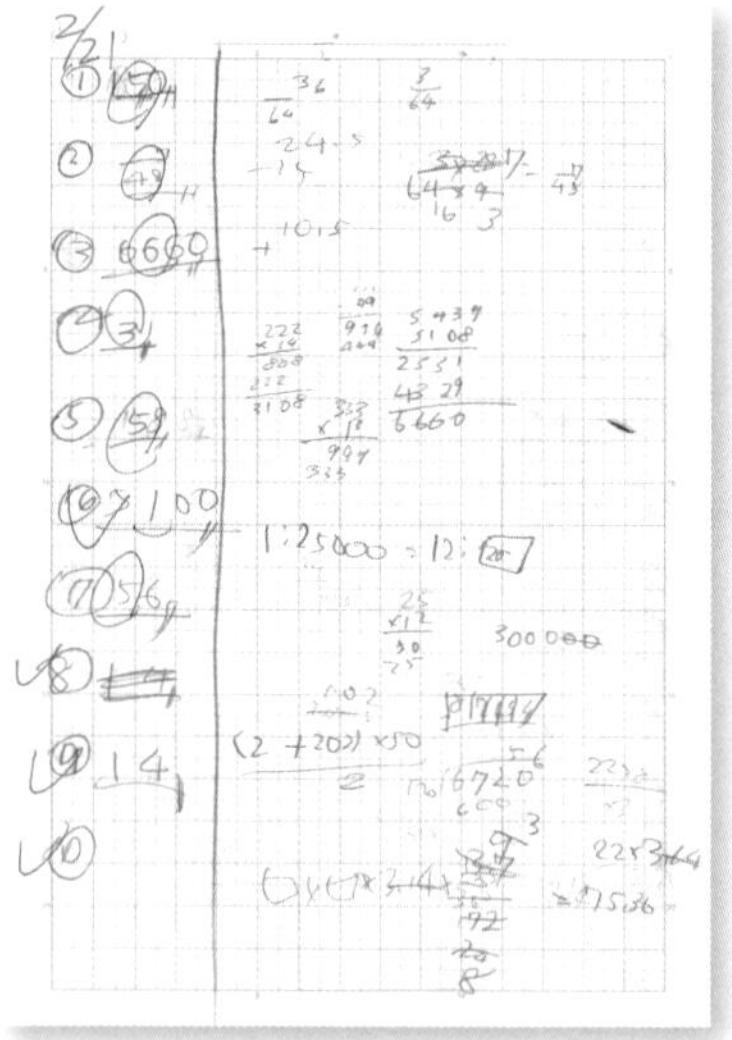

4年生の頃

方眼を無視して書き、字のサイズもバラバラ。方眼ノートでも、きちんと使えていない。

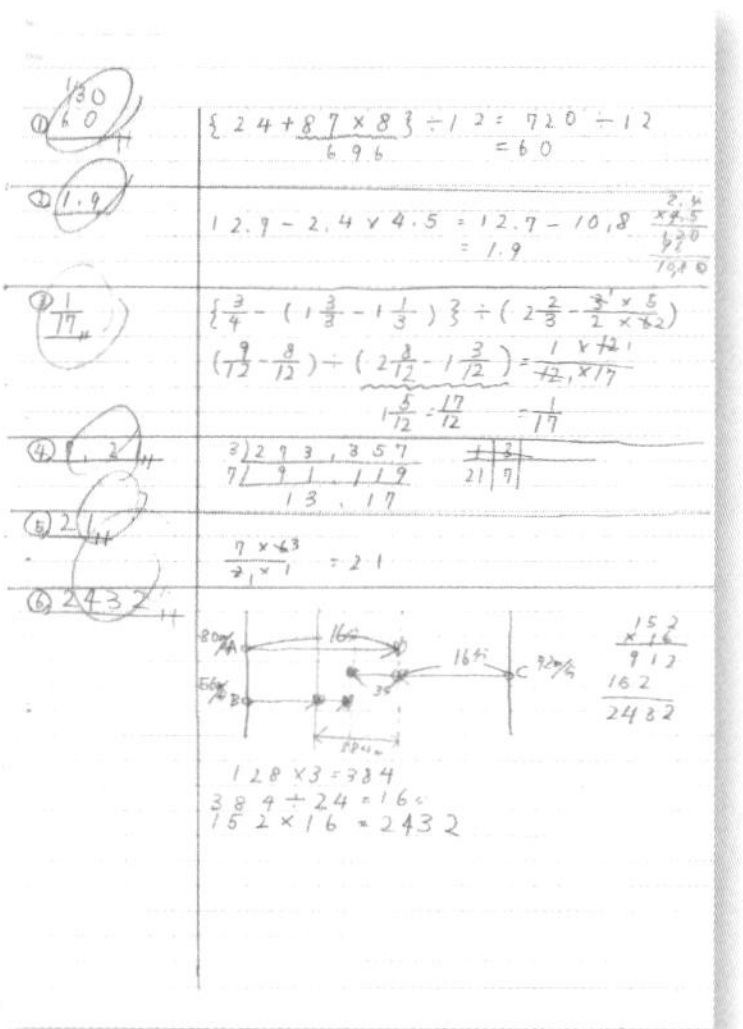

6年生の頃

入試直前はA罫の大学ノートでも、字のサイズを揃えてきれいに書けるようになった。

方眼ノートから大学ノートへの変え時は？

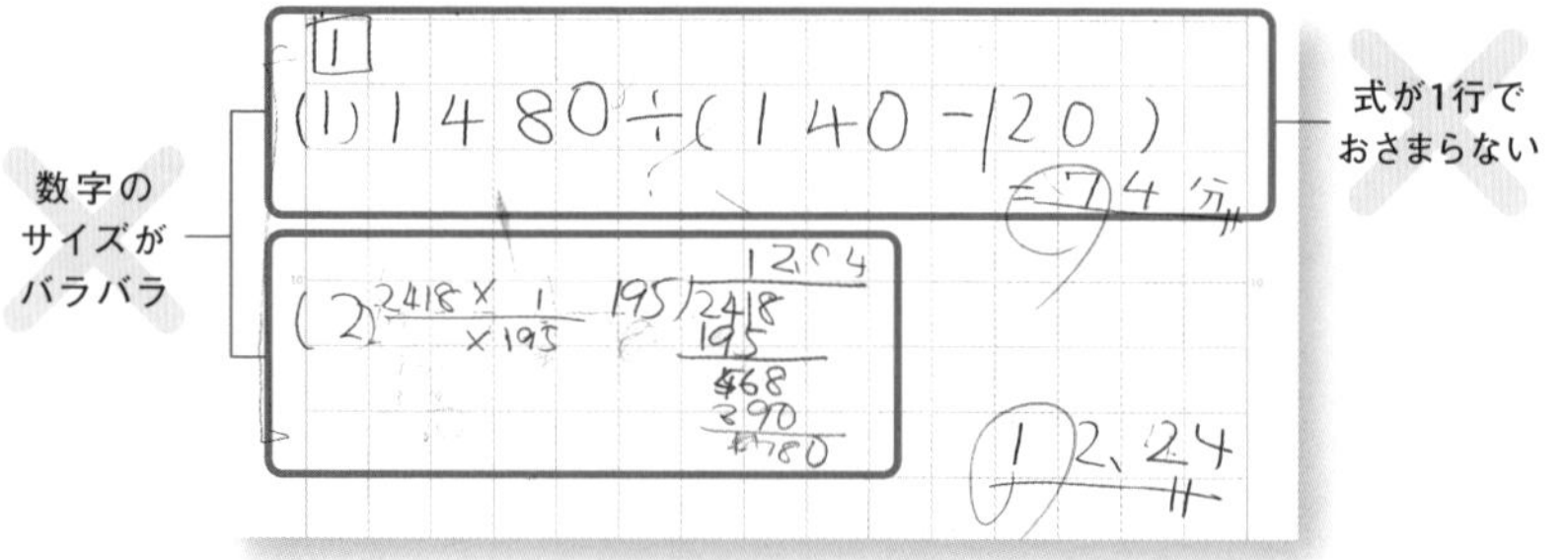
数字のサイズがバラバラ
式が1行でおさまらない

こんな兆候が現れたら!

方眼ノートには、ひとつの方眼にひとつの数字を書くのが基本ですが、数字の桁が多くなってきたり分数が出てくると、それができなくなってくるので、その結果、子どもが迷って数字のサイズがバラバラになってきます。また式が複雑になり長くなってくると、1行で書ききれなくなってきます。これを放置していると、罫や枠を無視して書くという習慣がついてしまうので、大学ノートに変更することをおすすめします。

学年・科目別おすすめノート

	3年生以下	4年生	5年生	6年生
算数	**方眼ノート** 低学年の間は「バランスを取って丁寧に書く」練習が必要なため、方眼ノートがおすすめ。サイズはお子さんの字のサイズに応じる。漢字は大きめのマスを使う。	**大学ノートU罫、A罫** 大きな桁、分数、円周率が始まる頃が切り換えの目安。	**大学ノートA罫** 式が複雑で長くなり、方眼では式を1行で書ききれなくなる。 式に分数が出てくるときは罫線を2行使い、＋－×÷＝は罫線に沿って書く。作図の苦手な子はドットがあると使いやすい。	**大学ノートA罫、B罫**（ドット入り） 式が複雑で長くなり、方眼では式を1行で書ききれなくなる。式に分数が出てくるときは罫線を2行使い、＋－×÷＝は罫線に沿って書く。作図の苦手な子はドットがあると使いやすい。
国語		**方眼ノート10mm**	**方眼ノート10mm** 文字バランスの悪い子はリーダー罫入りがおすすめ。（子どもはリーダー罫を気にせず書くため、リーダー罫を意識するような働きかけは必要）	**方眼ノート8mm** 国語の問題は字数制限が多いため、数えやすい方眼ノートを使う。字が小さくても丁寧に書ける子は7mmも可。
理科			**方眼ノート10mm** 図やグラフを書くことが多いため、方眼の方が作図しやすい。リーダー罫を利用できる子はリーダー罫入りを使う。	**方眼ノート10mm、8mm 大学ノートA罫** 図やグラフを書く物理・化学は方眼、生物・地学は大学ノートでも。
社会			**方眼ノート10mm** グラフや年表を書くため、方眼でリーダー罫入りの方が作図しやすい。漢字が複雑なため10mmが良い。	**方眼ノート10mm、8mm 大学ノートA罫** 方眼のリーダー罫はあってもなくてもどちらでも良い。

選ぶ基準

- 表はあくまで目安であり、すべて子どもの文字サイズ、子どもの書きやすいサイズに準じる。
- 方眼ノートは、実線（外枠）よりリーダー罫（内枠）が薄いものが良い（同じ濃さは目がチカチカして疲れる）。
- 方眼や罫線の色は濃すぎても薄すぎても見にくい。
- 子どもが書きやすいもの（紙質、色、濃淡など）を選ぶ。
- 方眼ノートから大学ノートに切り替えるタイミングは、算数は4〜5年生。他科目は使いやすい方のノートを選ぶ。

03 〝ぐちゃぐちゃにならない〟ノートのシンプル整理術

受験の3年間でノートはどんどん増えていくので、各ノートの特徴をわかりやすくしておくことはとても大事です。せっかく子どもが「後から見てわかりやすいノート」を作っても、それがどのノートで、どこにあるかがわからないと、子どもの努力が生きません。

そこで是非、ノートは**教科別に色わけし、表紙にタイトルを書きましょう。**

ノートそのものを色でわけてもいいのですが、子どもはけっこう飽きるので、ノートはその時々で好きなものを使い、**シールやマスキングテープなどで色をわける**のもおすすめです。それらを背表紙に貼ると棚に並んでいても迷わずにすみます。

表紙には、**用途がわかるようにタイトルを書き、使い終わったノートと区別をつけるためにナンバリングもしておきましょう。**また、中のページには、日々やる前に必ず、「日付／どこをやっているのか（ページやタイトルなど）／問題番号」を書きます。答え合わせのためにはいわずもがな、ノートを見返したときに「そういえばこう解いてたな」と再確認することで考え方を盤石にしていきます。

ノートは教科ごとに色わけする

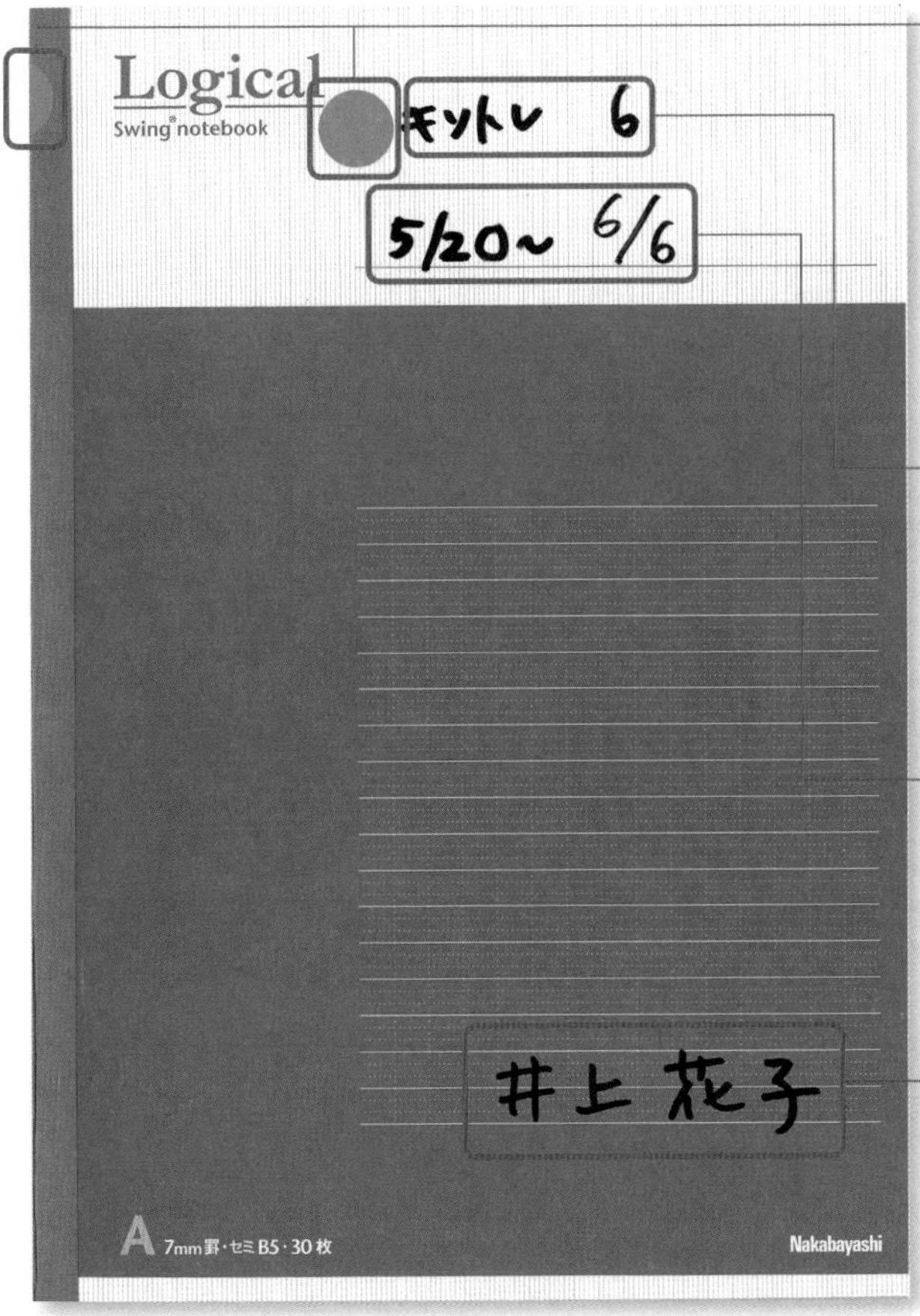
Logical
Swing notebook
キソトレ　6
5/20～　6/6
井上 花子
A 7mm罫・セミB5・30枚
Nakabayashi

POINT
算数の色を「緑」に決めたら、算数ノートには緑のシールを貼る。背と表紙に貼るとわかりやすい。

POINT
何のノートかタイトルを入れる。何冊目かのナンバリングもする。

POINT
使い始めの日を書く。使い終わったらその日付も入れる。

POINT
名前を書く。

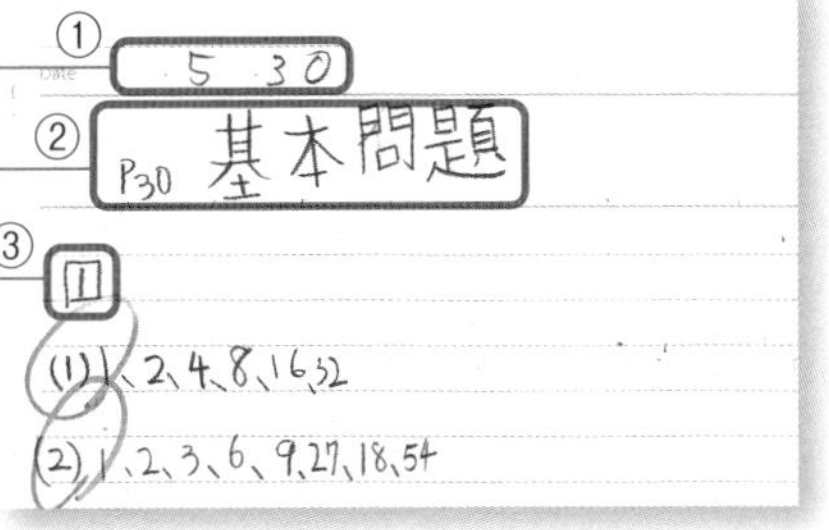
①
5　30
②
P30 基本問題
③
1
(1) 1、2、4、8、16、32
(2) 1、2、3、6、9、27、18、54

POINT
中ページには、①日付②どこをやっているのか（問題集の単元やページ数など）を必ず頭に書き、③問題ナンバーを書いて解いていく。
②を書かない子が多いが答え合わせがしづらくなるので注意。

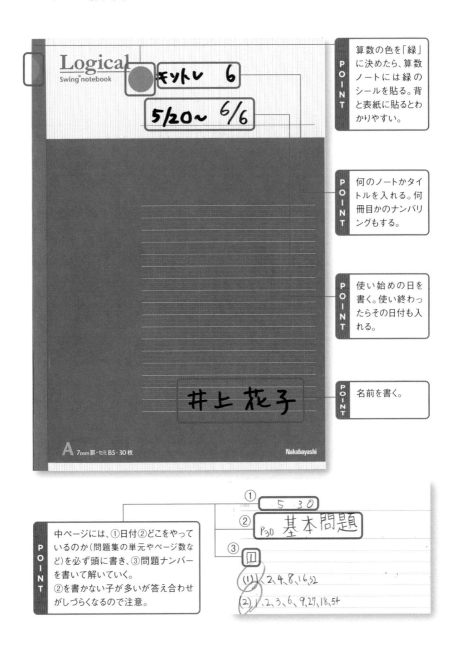

04 筆記用具の選び方も重要な鍵

「丁寧に書きなさい」と言っても、子どもはなかなかその通りにできません。もちろん、気持ちの問題もありますが、実は**筆記用具が影響を与えていることもあります。**

例えば、筆圧が弱くて、字がふにゃふにゃしている子は、まず濃い芯に替えます。また、通常よりも太めの鉛筆にしてあげてもよいでしょう。ただし、濃くて太い芯はやわらかく、すぐに丸くなって字がつぶれるので、しっかり書けるようになってきたら少しずつ固い芯に替え、最終的にはB（筆圧の弱い子は2Bでも）の芯を目指して調整していきます。**字がふにゃふにゃな場合も、逆に濃すぎる場合も、3段階くらいでBを使えるように調整していくイメージです。**

鉛筆を含め、筆記用具を選ぶポイントは、「子どもが使いやすくて気分が上がるもの」です。文房具好きの子なら、一緒に買いに行くといいですね。

そして、筆箱の中にはお気に入りの筆記用具を厳選して入れましょう。**ごちゃごちゃしているとパッと取り出しにくいので時間を浪費してしまいます。**赤ペンが3本入っているのに消しゴムが入っていない、インク切れのペンをずっと入れっぱなし、という筆箱は〝小学生あるある〟です。

ノート作りをサポートする必須の文房具

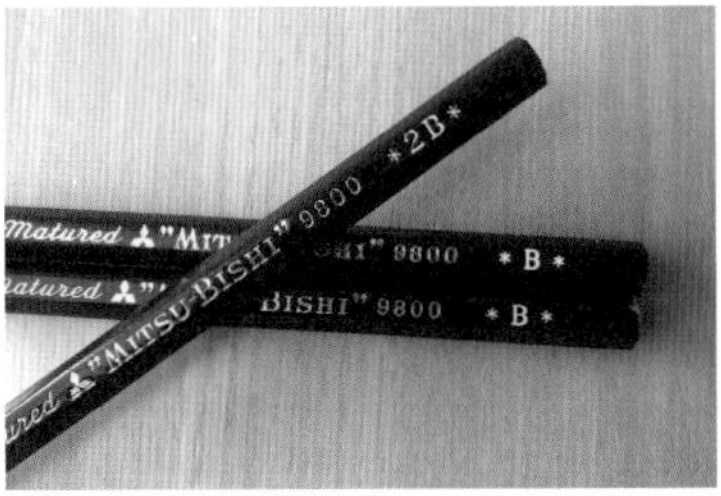

鉛筆

鉛筆はBがおすすめ。字が薄すぎる場合は4Bくらいから始めて、段階を追いながらB(筆圧の弱い子は2Bでも)に近づけていく。ちゃんと削ってあるかも確認する。

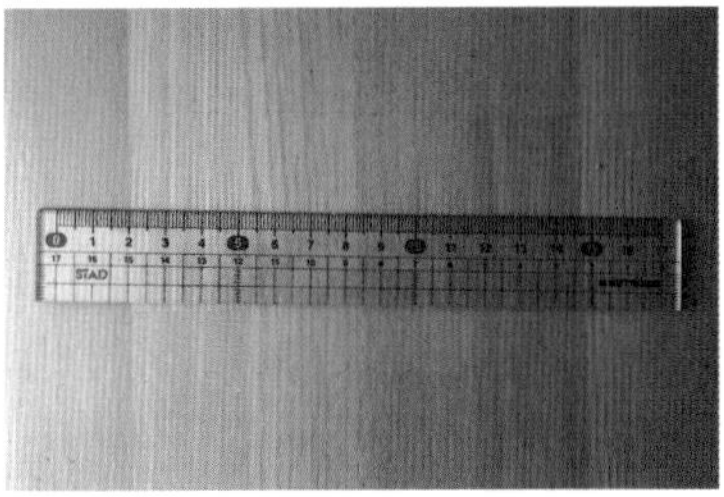

定規

透明でストレートなタイプが◎。折りたたみ式で伸ばせるタイプは、連結部分が線を引きにくいので×。使いすぎてメモリが消えていたりギザギザになったりしていないか、たまには確認を!

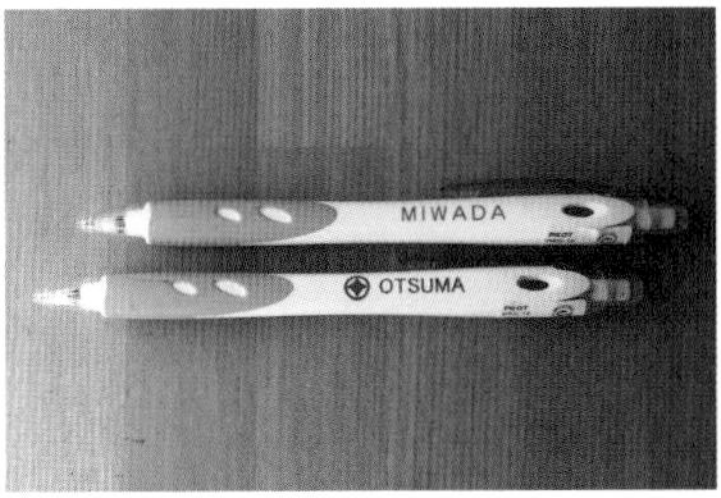

シャープペンシル

5年生以降は細かい作業が必要な問題が増えるのでシャーペンがよい。芯はBか2Bが◎。学校見学でもらえる志望校の名前入りならやる気アップ。

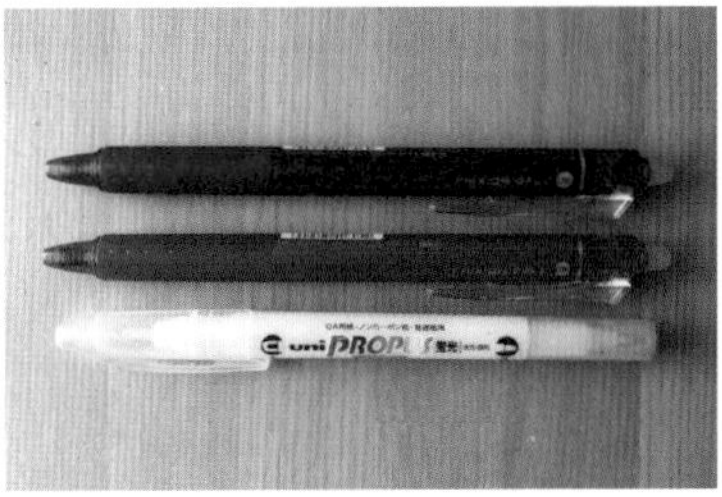

赤ペン・青ペン・蛍光ペン

「赤」、「青」、「黄色の蛍光ペン」が基本。赤と青は、ボールペンでもサインペンでも、消せるペンでも、本人が使いやすいものでOK。

消しゴム

キャラクターの形をしているなど、凹凸があるタイプは消しにくいのでNG。また、紙の部分は適宜切ってすぐに消しゴムが使えるようにしておく。紙の部分で消している子多数。

05 必要になるノート、テキストの総量を知る

受験をするか検討中の方や、塾に通い始めたばかりの方は想像しにくいと思いますが、中学受験のテキスト、ノート、プリント類は、とにかく場所をとります。

小学4～6年生までの3年間で使用するノートは、ゆうに100冊を超え、そこへさらにテキストやプリント、参考書などが加わるので、ものすごい量になります。左の写真は、私が書斎に置いている大手塾のテキスト類です。算数のテキストだけでこの量になるんですよ。

だから、「とりあえず空いているスペースにノートをしまっておこう」となると、あっという間にあふれてしまいます。そうならないように、**早いうちから必要になる総量をイメージして、受験専用の棚を作っておくと管理がしやすくなります。**そして、どこに何をどのように入れるかを決め、子どもにも教えてあげましょう。仕組みさえ整えてあげれば、子どもは自分で必要なモノを出し入れできるようになります（できない子にはやり方を教えてあげましょう）。

ちなみに、私も小学4年の受験生を持つ親で、ノート類の管理に苦心しているところです。その様子をP153で公開していますので、トライ&エラーを含めて参考になさってください。

6年生の算数だけで、テキストは こんなにいっぱい!

オレンジ罫で囲っているのがサピックスのテキストコーナー。6年生の算数だけでこの量になる。これが4教科分、さらに模試や過去問などもあるので、幅約40cm、高さ170cm程度の棚2台は必要になる。

06 ノートをケチってはいけない！

子どもが「必要」と言うから、100均ではなくて文房具屋さんのちょっと高いノートを買ってあげたのに、数ページ使っただけでなぜか放置されていることってありませんか？「なによ、もう、もったいない！」って思いますよね。

そういう苦い経験がある方は、ノートを無駄にしたくないという気持ちが強くなるので、ちょっと行間が狭いけどセールになっている5冊パックを買ったり、余白をもったいなく感じたりすることが多いようです。

でも、**ノートをケチってはは絶対にダメ**です。

余白の広さは子どもの思考の広さそのものです。**狭いスペースにチマチマ解いている子の正答率は驚くほど低くなります。**さらに、ノートは見やすさがとても大事。そのためには、適度な余白を設ける必要があります。**余白がなければ丸つけがしにくく、どこが間違っているかもパッと見てわかりません。また、直しを書くスペースもありません。**

スペースをケチっている
NGノート

NG

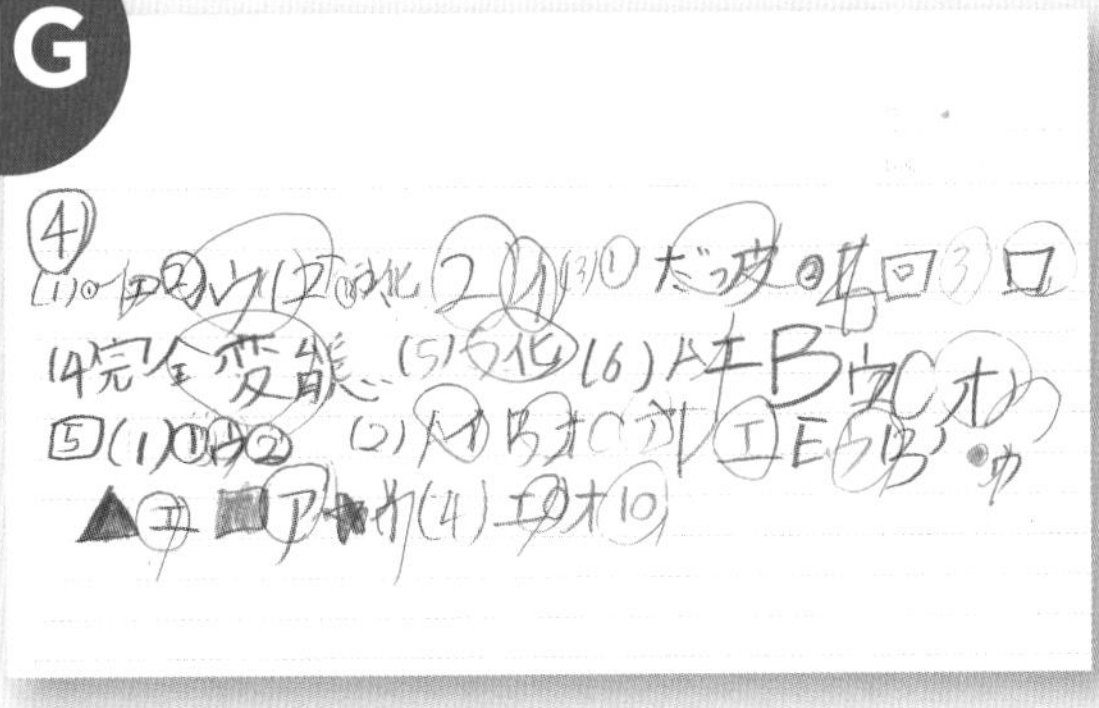

POINT

理科の演習ノート。1行に答えを詰めて書いているので、答え合わせをするときに正解を書くスペースがなくて読みにくい。

NG

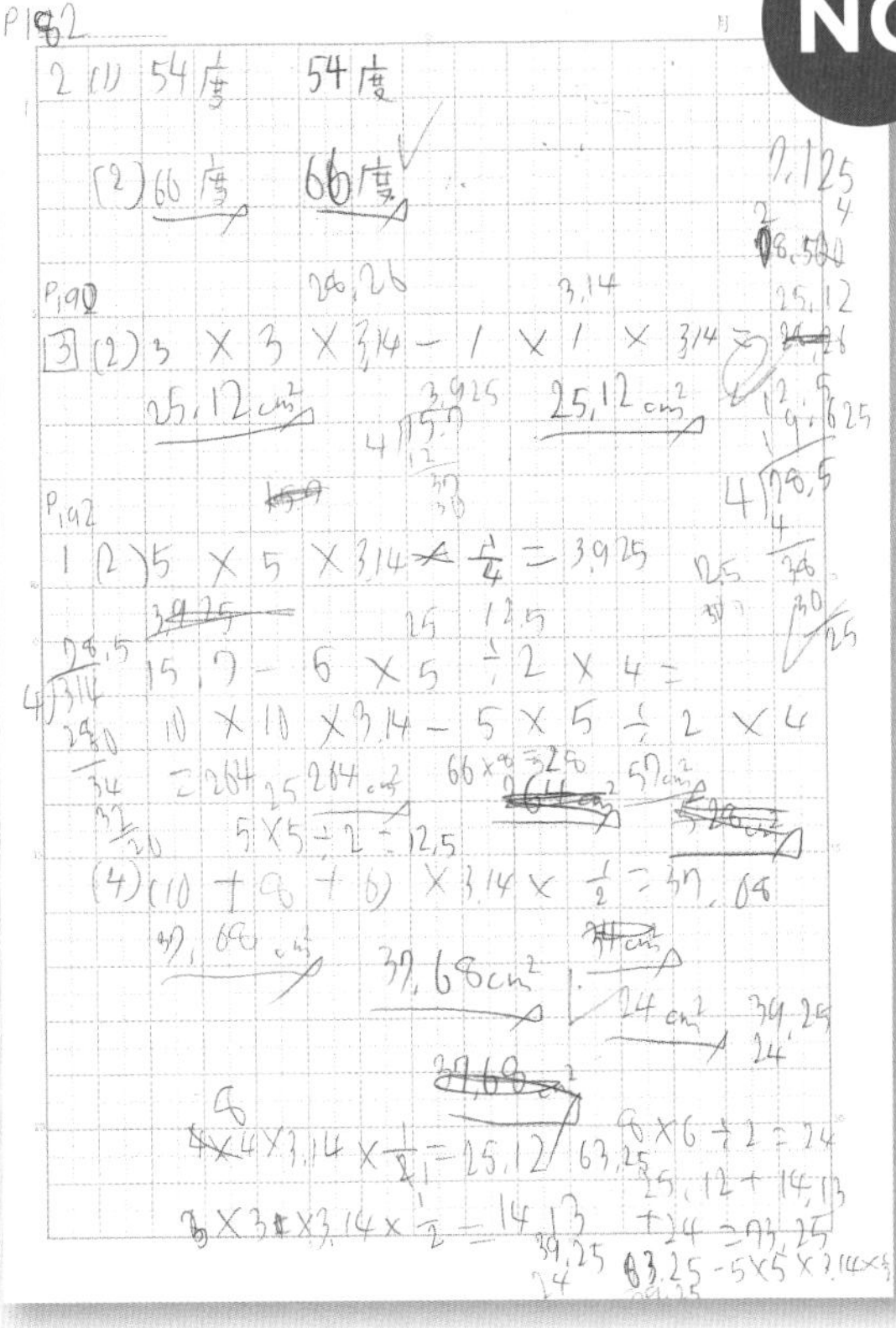

POINT

算数の演習ノート。マスを無視して適当に書いているため、ぎゅっと詰まっている部分があり、見にくい。

ノートをわけることで頭の中に「引き出し」を作る

また、教科別にわけるのはもちろん、それをさらに演習用、自分用にカスタマイズしたまとめノートなど、用途別にわけることも大切です。どんどん枝分かれしていくのでものすごい量になりますが、それが実は大切。なぜなら、頭の中に「引き出し」を作ることにつながるからです。

成績がいい子は、頭の中に「引き出し」があって、知識を分類しています。インプットしたものを取り出しやすくするために、引き出しをわけて整理しているのです。

それを物理的にサポートするのがノートです。

私の授業中でも、わからない問題が出てきたときに、「これ、あのノートに載ってた！」と自分でノートを取ってきて、見返しながら解いていく子がいます。つまり、ノートを足掛かりにして、知識を探り当てているのです。

さらに、ノートと成績の関係は、〝ノミの天井〟のようなものでしょうか。ノートを10冊しか使えなかった子と、制限なく使えて１００冊使った子では、跳べる高さ、すなわち成績の伸びが大きく変わってきます。

まずは大人が「もったいない」という気持ちを取り払い、たっぷり用意してあげましょう。そして、余白の大切さを親子で認識してください。

余白をしっかりとっている
OKノート

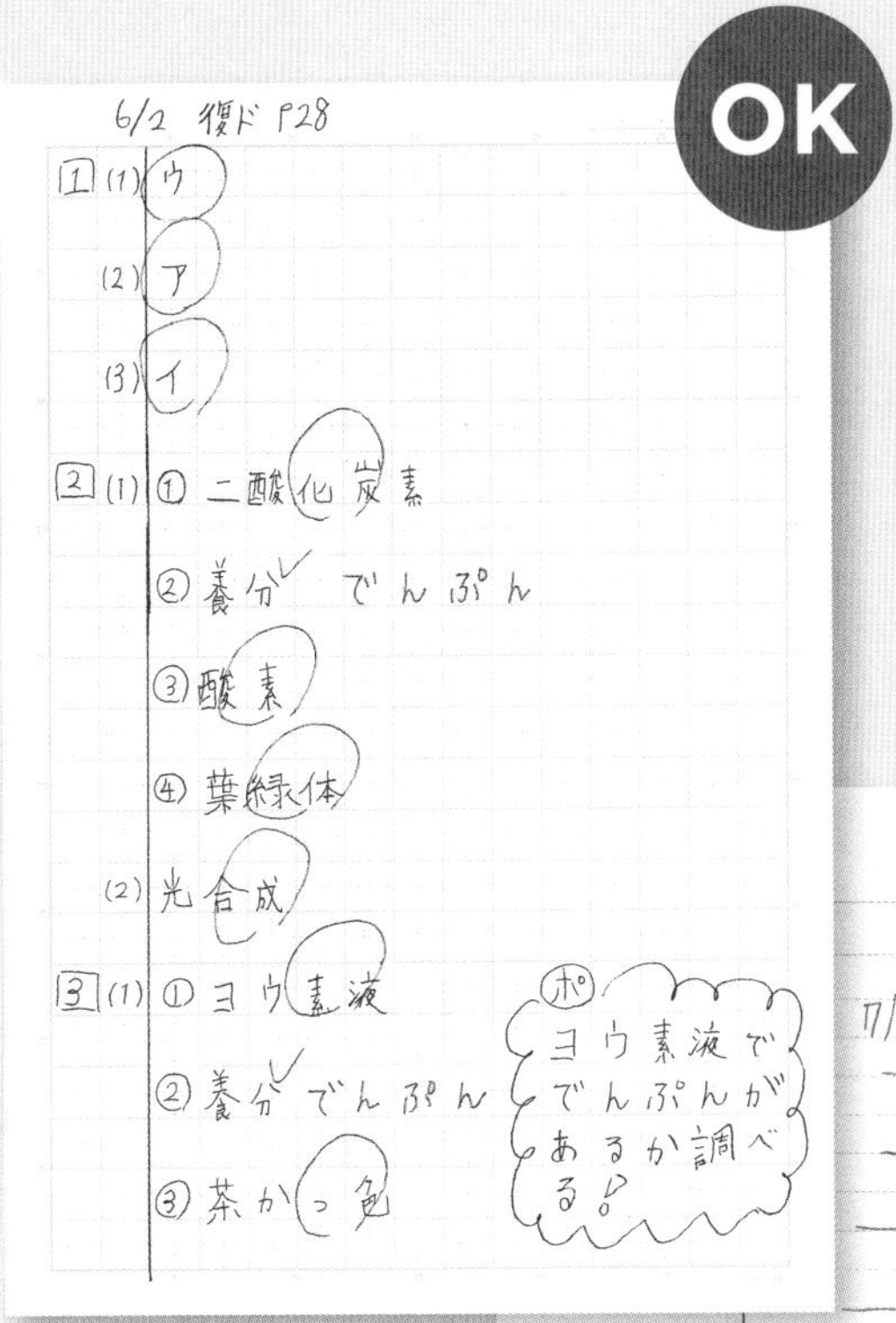

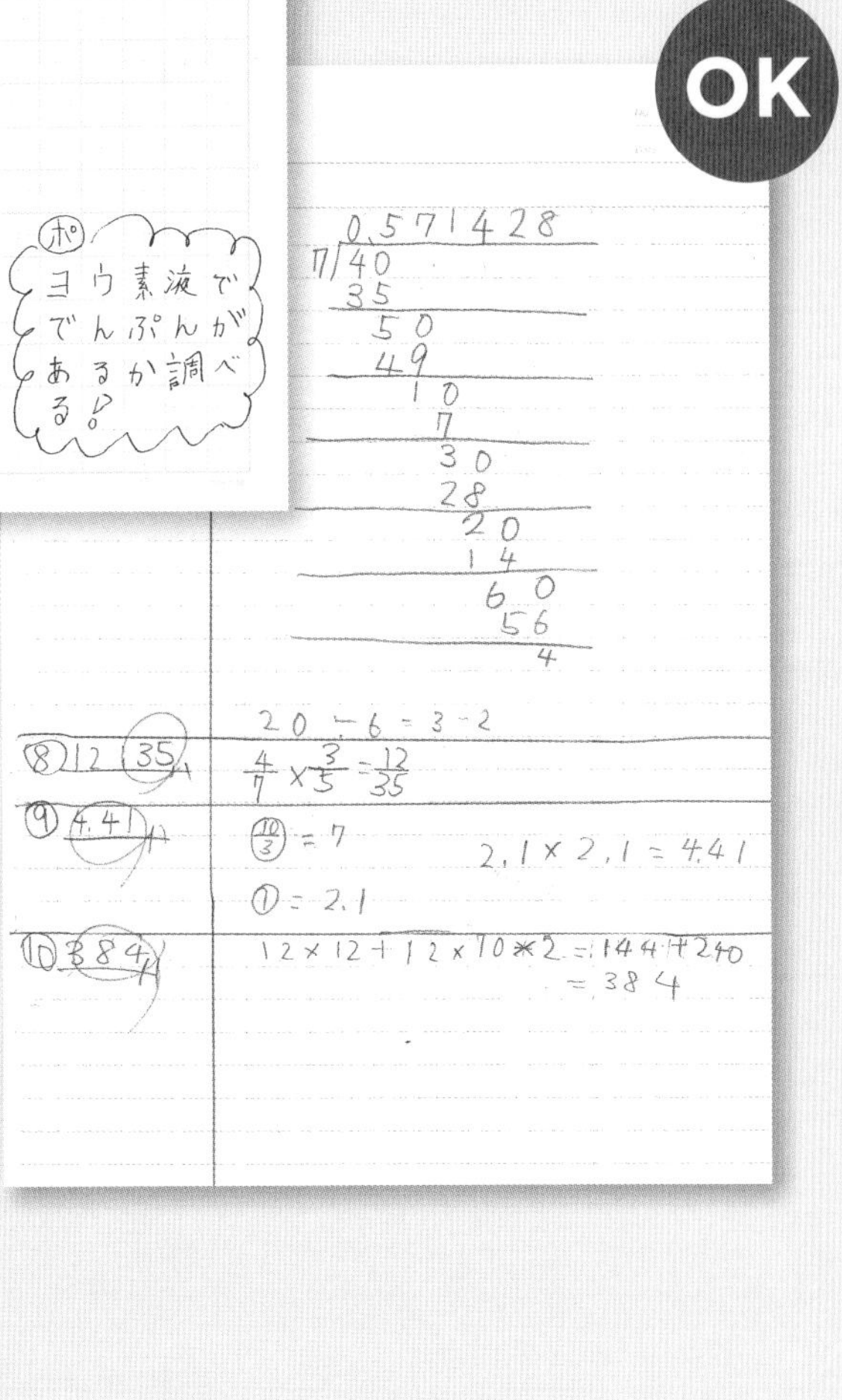

POINT

理科と算数の演習ノート。問題を1問ごとに改行し、1行空けたり線を引いたりしてわかりやすくし、余裕をもって書いている。

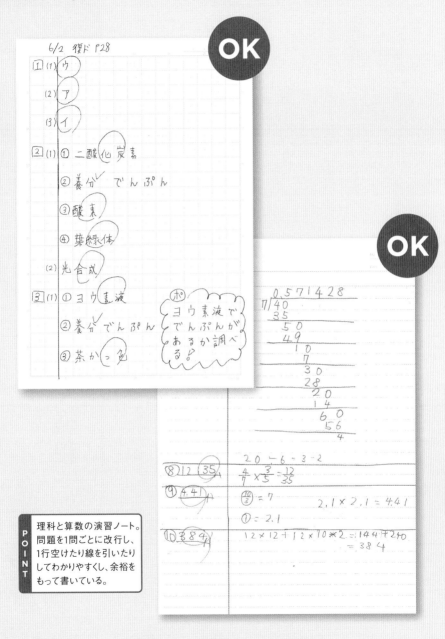

基本編

07 見るべきは、子どもがノートを「書く過程」

ノート術で合格に近づく第一歩は、「子どもが書けるようになるまでサポートする」ことです。

ほとんどの親御さんは、子どもがノートを書いている様子を見守ったことはないのではないでしょうか。書き終わったノートを見て「もっと丁寧に書きなよ」と言ったり、家事のさなかに勉強する我が子を横目に見て「姿勢が悪いよ」と注意をして終わりがちですよね。

しかし、**「ノートを書いているところ」を見ると、ノートが汚い、すなわち学力が伸び悩んでいる根本的な原因が見えてきます。**

そこで、まずは子どもがふだん、どんなふうにノートを書いているのか、その過程を把握しましょう。

まず、**子どもの手元がよく見えるように、正面ではなく子どもの利き手の反対側に横並びに座ります。**そして、子どもがひと通り書き終わってから「完成品」を見るのではなく、書いている「過程」を見ます。とんでもない順番で書いている、鉛筆の先が迷っているなど、子どもの〝迷い〟が手に取るようにわかります。

「書いているところ」を見ると
成績が伸びない原因に気付きやすい

親は子どもの正面ではなく隣に座る
(子どもの利き手の反対側)
手元をのぞき込みやすい距離で
筆記用具がそろっているか?
逆にごちゃごちゃしすぎていないか?
ノートは子どもの正面に
テキストは子どもと
親の間に置く
照明器具は
利き手の反対側に置き、
書いている部分が手の影に
ならないようにする

08

どんなノートでも褒めるところを見つける

いざ、子どもがノートを書いている姿を改めて見ると、どう思われるでしょうか。姿勢が悪かったり、ノートと自分の体の位置がずれていたり、消しゴムを使っていなかったり……と粗が目につくかもしれません。さらに、そのせいでノートが汚くて、凡ミスをしていることがわかるとイライラするかもしれませんね。

しかし、そこで「ちゃんとしなさい！」と怒鳴ってもノートはきれいになりません。**大切なのは、とにかく褒めるところを見つけて、いい気分にさせて、少しずつ懐柔していくこと**です。

例えば、消しゴムをちゃんと使っていない場合は「ちゃんと消しゴムを使いなさい！」ではなく、「消しゴムを使おうか」と穏やかに言う。大概の子どもは面倒くさそうに消しゴムを使いますが、そこですかさず**「見やすくなったね！」と心底嬉しそうに褒める**のです。そして、きれいに書くと点が上がるということを事あるごとに言っていきましょう。親の言葉が響かない場合は、塾の先生に「うちの子は字が雑なので、筆跡に意識がいくような言葉をかけてやってください」とお願いするのも一案です。

こんな書き方をしていませんか？
でも怒ってはダメ！

姿勢が悪い
ノートと自分の体の
位置がずれている
ノートのあちこちから
書き始める
手でノートを
押さえない（利き手の
ひじで押さえている）
消しゴムを使わない

POINT

どんなにNGでもグチグチ叱らずとにかく褒める！

【褒め方の例】

・ちゃんと座ってやってるじゃん！
・とがった鉛筆を使えているね
・見やすい濃さだね
・この数字、すごくきれいに書けてるね

第1章のまとめ

● よいノート＝子どもが書きやすいノート

子どもによって、最適なノートは異なる。最も重視すべきは子どもの字の大きさ。行を無視して書いている場合は、子どもが書きやすい枠や罫線を一緒に探る。

● ノート環境は親が作る

3年間で使用するノートは100冊を超える。子どもがいつでも必要なノートを取り出し、見返して活用するためには、どこに何を置くかなど学習環境の整備が必須であり、これは親の役目である。

● 検索性を高めて、時間の浪費を防ぐ

ズラッと並んだノートの中から、お目当てのものを取り出すためには工夫が必要。パッと見てわかるようにしておけば、探し出す時間と労力を省ける。

● ノートは費用対効果が高い

塾や模試の費用に比べれば、ノートの出費は微々たるもの。それでいて学力を向上させる力が大きい。ノートはケチらず、どんどん買い与える!

● 根気よく見守る

子どもがノートを書いているところを見守る際は、怒らない、あきれない、焦らない! その時々の子どもに寄り添い、根気よく取り組んでいくことが大事。

第2章

最も明暗がわかれる「算数」のノート術

01 算数は〝ちょっとしたこと〟で点数が上がる!

ノートの使い方や書き方が、最も合否に影響しやすいのが算数です。

理由は主に3つ。

まず、**算数という教科は、考えたことを筋道立てて書き出す必要があります。**なぜその数になるのか式を書いて示したり、答えを導き出すために条件を整理したり。自分の頭の中を見える化しないと得点に結びつきません。だから、ノートにアウトプットする練習が欠かせません。

2つ目は、**「図形を正しく書ける」≒「解ける」**だからです。

例えば、正方形の問題なのに手元で台形を書いていたら、解くときに頭が混乱しますよね。視覚でとらえた見た目の情報は、問題を解くうえで非常に大切です。したがって、正しく図形を書けることは、解けることにつながる大前提であり、突破口でもあります。

ところが、最近は**図形を正しく書けない子がとても多く**なっています。プリントへの書き込みやデジタルによる学習が増え、図形を書く機会が減っていることが影響しているように思います。だからこそ、自分の手で図形をきちんとノートに書くことが大切です。

3つ目は、以前にも増して、入試において**算数の重要性が高まっている**ことが挙げられます。算数単独入試を実施する学校が増え、合否ライン上ギリギリの受験生のうち、算数の得点が高い子を合格とする学校もあります。大学受験でも、私立大学文系の雄、早稲田大学の政治経済学部が、入試に数学を必須科目としたことは大きな話題になりました。それほど、算数・数学を通して身につく「論理的思考力」が社会で大きく求められているのです。

また、桜蔭や豊島岡といった読書好きが集まる最難関女子校は、国語ができて当然の世界、結局算数で合否がわかれることになります。つまり、算数ができる子は、あらゆる面で一歩抜きん出るということです。

大人には当たり前のことが6年生でも意外にできない

ところが、これらを理解し、意識して算数に取り組んでいる子はまだまだ少ないのが現状です。

そこで、この章では、算数のノートの書き方や作り方を、基本のキから紹介します。大人からすると「え、こんなところから?」と思うほど簡単で単純なこともお伝えしていますが、6年生でも意外とできていないものです。

だからこそ、**ちょっと教えてあげるだけで理解するための土台が固まり、成績がぐんぐん伸びていきます。**勉強内容に踏み込む難しい話はありませんので、安心して取り組んでください。

算数

02

できてない子が多い！算数ノートの「基本の5か条」

基本ノート

これまでの約20年間の経験を振り返ると、最初の授業でノートを見せてもらってから〝ノート自立〟するまで、結局いつも同じようなことを子どもたちに言っています。

そこで、私がいつも「こういうふうに書いてごらん」と指導している、算数ノートの基本の5か条を紹介します。5か条を満たしたOKノートはP59をご覧ください。

1、読みやすく書く

丁寧に書くのはもちろん、**字のサイズをそろえて書くことも**

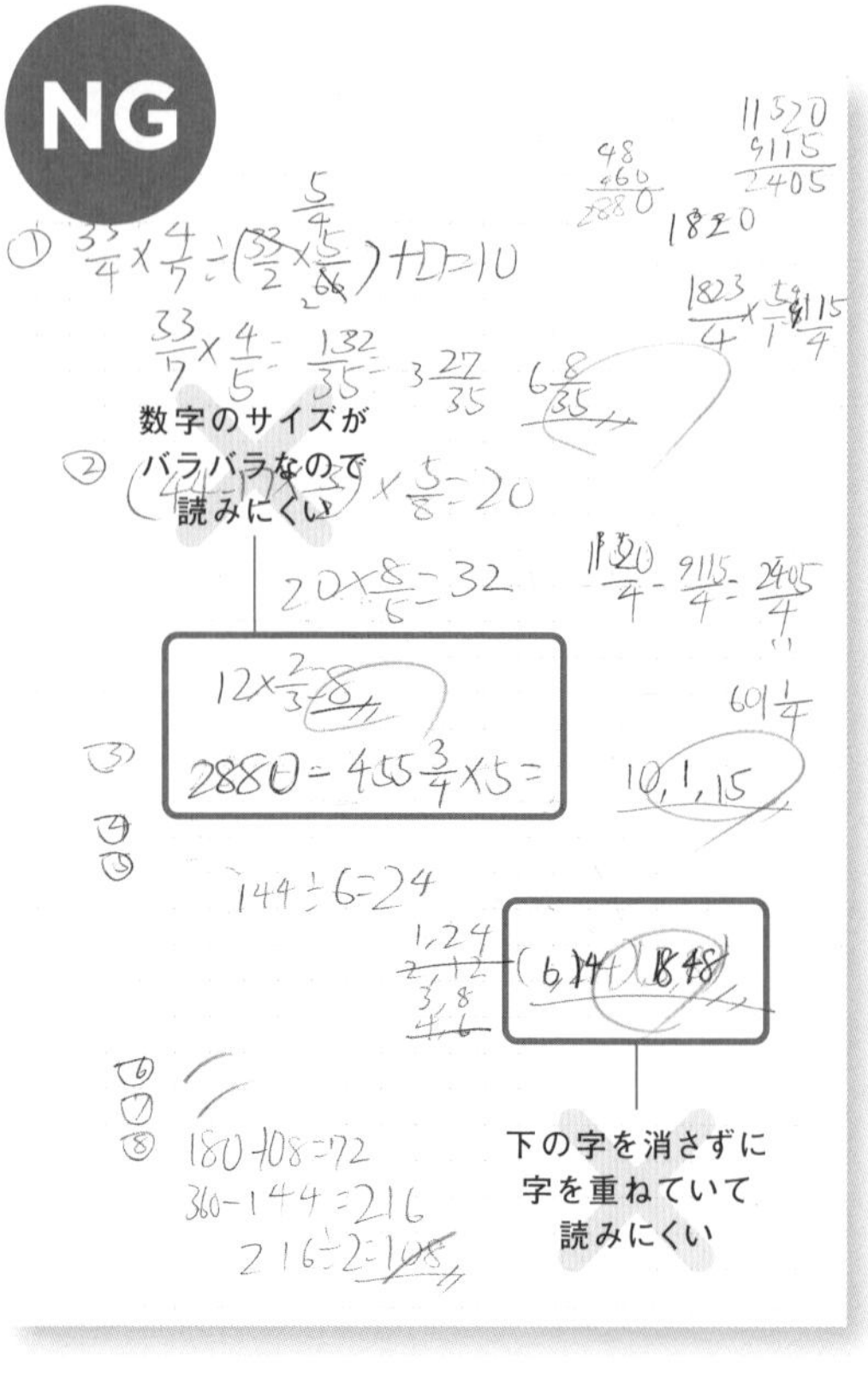
NG
数字のサイズがバラバラなので読みにくい
下の字を消さずに字を重ねていて読みにくい

大事。帯分数を見ると、整数部分が分数の2倍サイズで書かれていませんか？　これはNGです。

また、整数・分数の括線（分子と分母の間の線）、加減乗除などの記号（＋・－・×・÷・＝）が**横一列に揃うように書きましょう。**これができていないと、式が見にくいばかりでなく、整数・分子・分母の区別がつかなくなり、計算ミスを多発します。

さらに、子どもは消しゴムできちんと消さずに、字を上から重ねて書いていることがよくあります。これも数字が見にくくなり、ミスの原因になることが多いので注意しましょう。

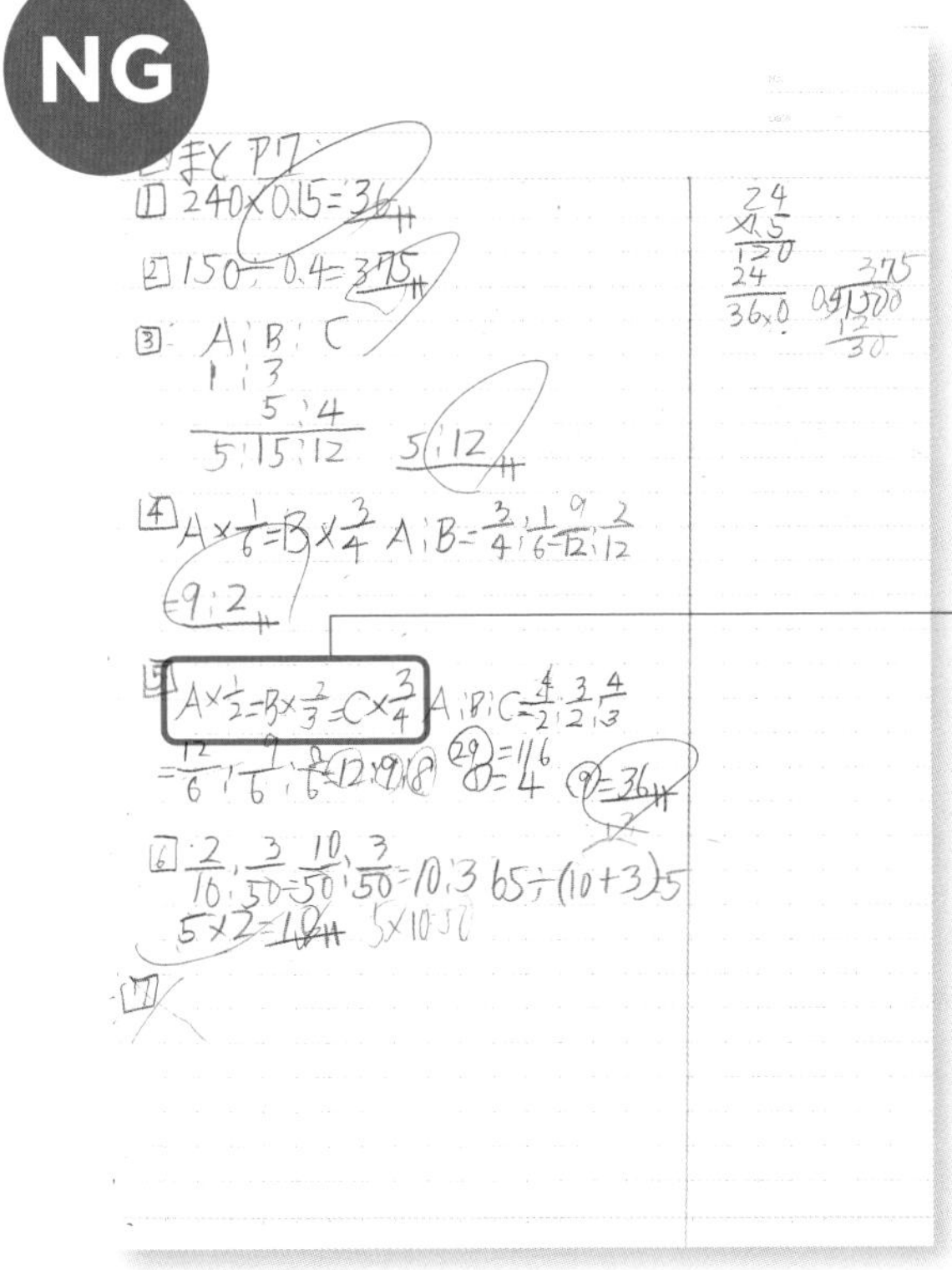

分数の括線と等号（＝）が揃っていない。分母の隣に等号があるので、見間違いによるミスが起こりやすい

2、バランスに気を付ける

式、答え、計算のスペースをわけ、余白を大切にします。

1ページを左7：右3程度に区切り（間に線を引いてもＯＫ）、左に式と答え（採点者が見る部分）を書き、右で計算をします。**答えにはわかりやすいように下に線を引いて**おきます。

3、左上から書く

子どもは好きなところから適当に書き始め、すぐに改行する羽目になったり、ノートの下まで書いてから上の空いているスペースに式を続けて書いたりします。

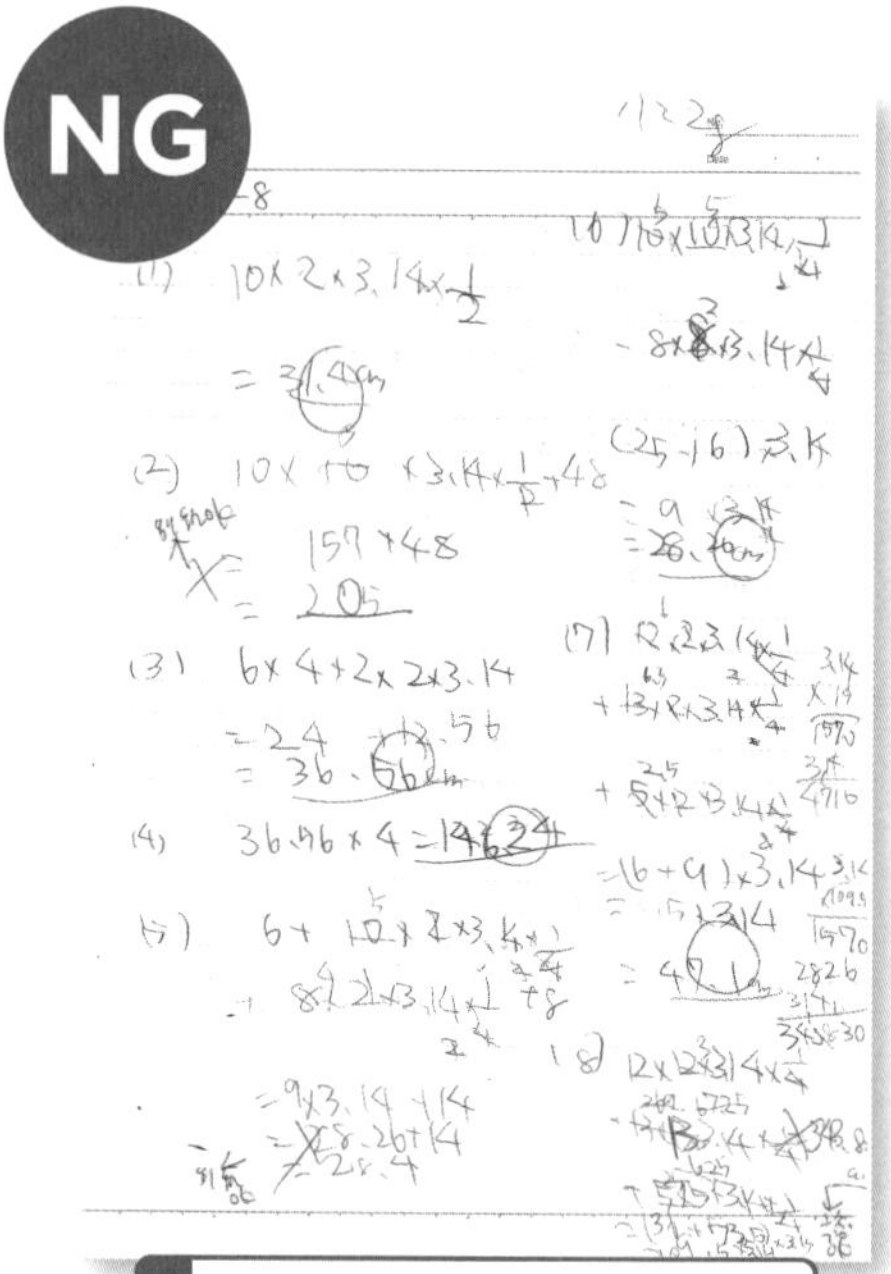

POINT 式、答え、計算のスペースがわかれていないのでわかりにくく、最後のほうが詰まっていてバランスが悪い。

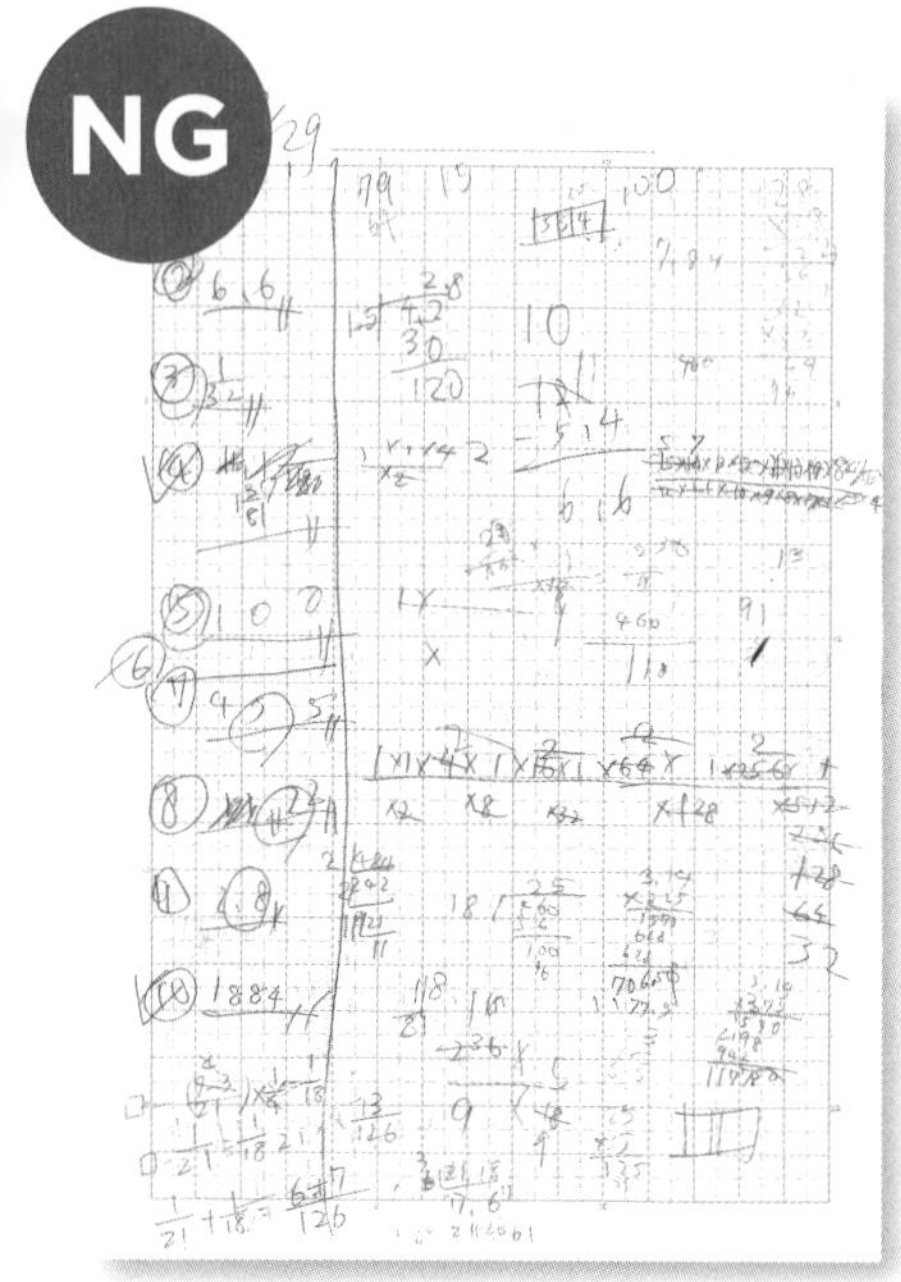

POINT 左上から書いていないので、計算の流れがわかりにくい。

算数は左から右へ、上から下へと式を書いていくことを徹底します。

4、式・計算は書きすぎず、端折《はしょ》りすぎない

暗算できるものまで式や筆算を書く必要はありません。しかしその一方で、端折りすぎもよくありません。

この**「書きすぎず、端折りすぎない」**のバランスは子どもによって異なるため、最適な塩梅《あんばい》を家庭で見つけていくことになります。わからない場合は、式はとにかく全て書きましょう。

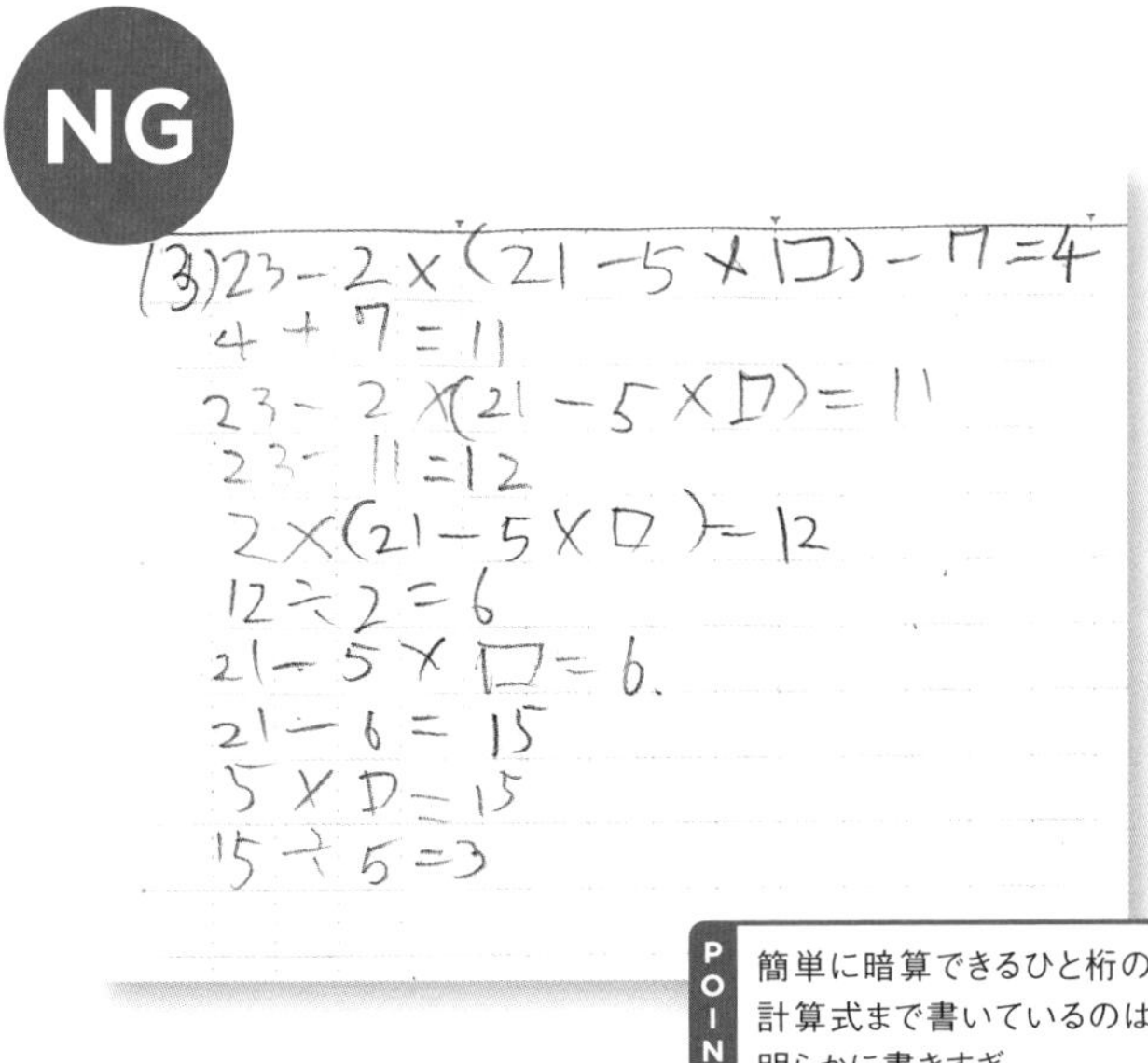
NG
(3) 23－2×(21－5×□)－7＝4
4＋7＝11
23－2×(21－5×□)＝11
23－11＝12
2×(21－5×□)＝12
12÷2＝6
21－5×□＝6.
21－6＝15
5×□＝15
15÷5＝3

POINT
簡単に暗算できるひと桁の計算式まで書いているのは明らかに書きすぎ。

5、思考過程や間違いを消さない

子どもは「間違い」や「バツ」が嫌いなので、間違っていると気付くと全部消そうとしがちです。でも途中で**解き方を間違っていることに気付いても、消しゴムで消さずに残しておきましょう。**

自分の解き方を見直してミスを発見する過程は、算数の力をつけるために必要不可欠です。

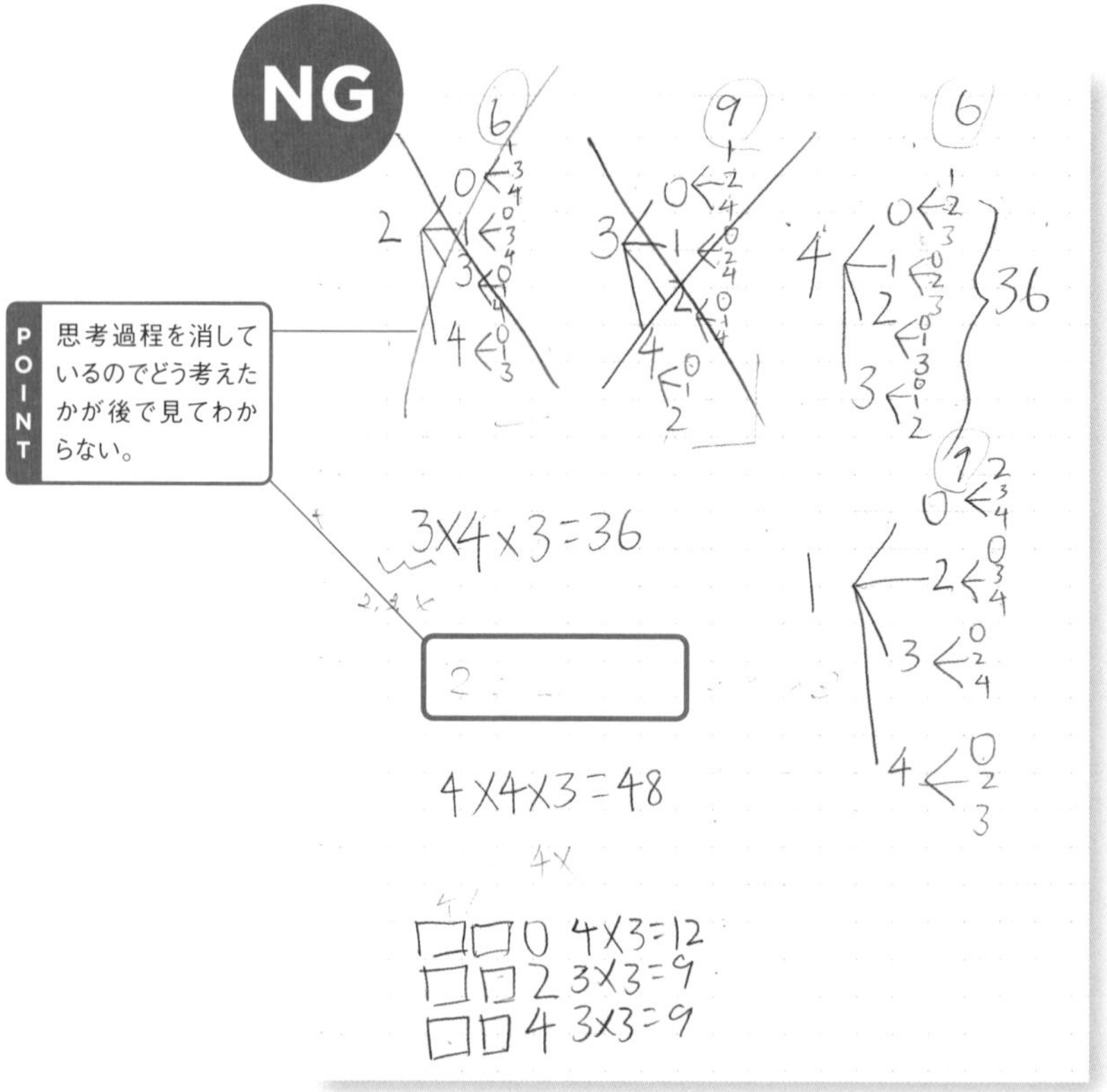
NG
POINT
思考過程を消しているのでどう考えたかが後で見てわからない。
3×4×3=36
4×4×3=48
4×3=12
3×3=9
3×3=9

これが「基本の5か条」をふまえたOKノートだ！

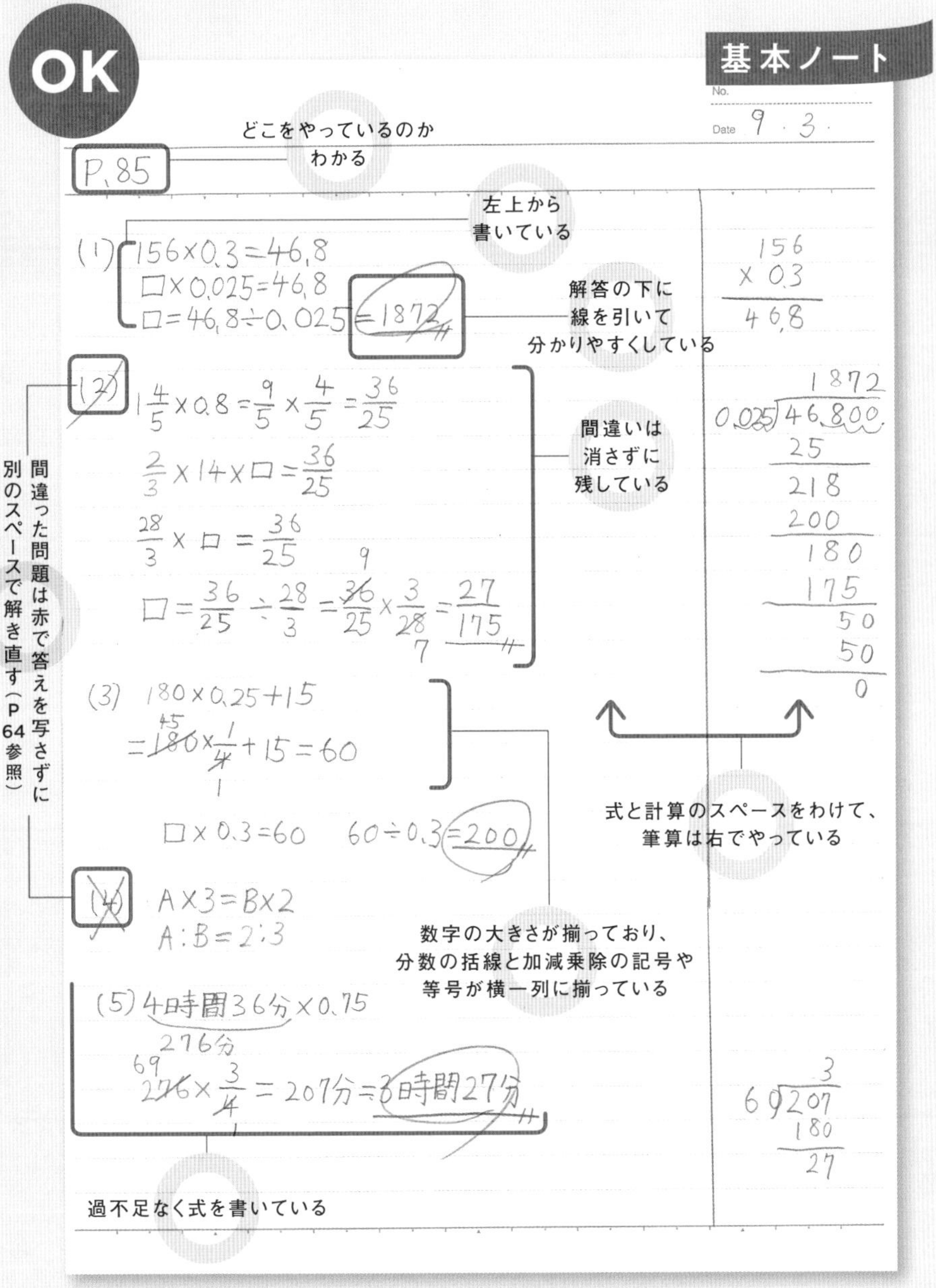
OK
基本ノート
No.
Date 9・3・
P.85
どこをやっているのかわかる
左上から書いている
(1) 156×0.3=46.8
□×0.025=46.8
□=46.8÷0.025=1872
解答の下に線を引いて分かりやすくしている
(12) 1 4/5×0.8=9/5×4/5=36/25
2/3×14×□=36/25
28/3×□=36/25
□=36/25÷28/3=36/25×3/28=27/175
間違いは消さずに残している
間違った問題は赤で答えを写さずに別のスペースで解き直す（P64参照）
(3) 180×0.25+15
=180×1/4+15=60
□×0.3=60　60÷0.3=200
(4) A×3=B×2
A:B=2:3
式と計算のスペースをわけて、筆算は右でやっている
数字の大きさが揃っており、分数の括線と加減乗除の記号や等号が横一列に揃っている
(5) 4時間36分×0.75
276分
276×3/4=207分=3時間27分
過不足なく式を書いている

03

解くスペースが狭いだけで、ミス多発！

基本ノート

宿題や問題集を解くときに使う「演習ノート」は、毎日使う基本となるノートです。式や計算を解いたり、線分図や図形を書いたり、いろいろな情報が1冊のノートに入り混じります。

そのため、ぎゅうぎゅうに詰めて書くと、何がなんだかわからなくなります。

「この計算式は1問目のものなのか、それとも2問目のものなのか？」「数字がいっぱい並んでいるけど、答えはどれなのか？」「線分図に書かれた数字は何を指しているのか？」などなど。

そこで、大切になってくるのが「余白」です。P59で説明したように基本的には、**ページの「左端：問題番号」「真ん中：式や図形などと回答**（下線を引く）**」「右：筆算」を書きます。**

問題と問題の間も必ず1行以上空け、きりのいいところで次のページに移ります。間違いの多い子は、右ページを直し用に白紙で空けておいても構いません（P67参照）。

慣れるまでは線を引いてスペースを区切ったり、方眼ノートを使ったりするとよいでしょう。

特に方眼ノートは、縦横の線を利用して図形を書きやすいので4年生におすすめです。

プリント学習の塾でもノートを作ったほうがいい

塾の中には、プリントやテキストに答えを書き込ませるところがあります。問題と自分の解答をセットで保管できるので、よいことのようにも思えるのですが、私はあまり賛同できません。なぜなら、**書き込み式は復習がしにくいうえ、レイアウトが画一的であるために、ぎゅうぎゅうに書かざるをえなくなる**ことが多いからです。

算数の問題は、その複雑さや難易度によって必要なスペースが異なり、式が2~3行で終わるものもあれば、10行以上になるものもあります。ところが、書き込み式の場合は、そういった事を一切考慮せず、均等に区切ったスペースに問題を割り振っています。よって、仕方なく詰め詰めで書いたり、途中から文字を小さくしたり、本当は書きたいことも端折って書いたりする悪い癖がつきかねません。

だから、**書き込み式であっても、ぜひ演習ノートを作ってください！** 塾からテキストやプリントに書いて提出するように言われていても、ノートに書いて提出しているご家庭はたくさんあります。

さらに、もし余裕があれば、演習ノートに問題もコピーして貼っておくとよいでしょう。復習するときに問題と照合する手間が省けて便利です。とはいえ、「問題をコピーして貼ること」と「貼らずに照合すること」、どちらを手間と感じるかは人によるので、続けやすいほうでかまいません。

ノートなら問題に応じてスペースを割り振れる

OK

基本ノート

POINT 余裕があればプリントをコピーして問題を切り貼りしてもよいが、しなくてもOK。

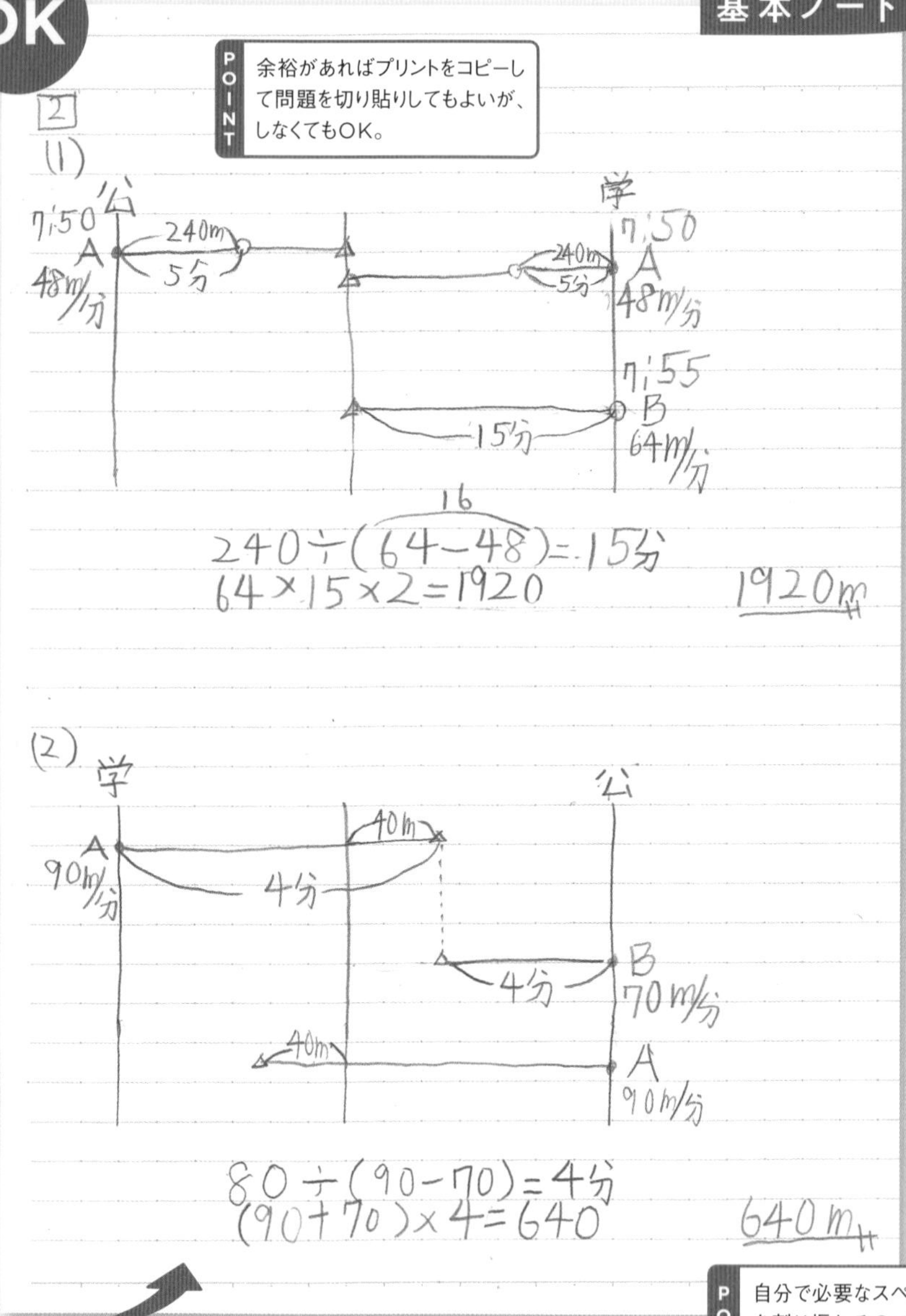

2
(1)
公
学
7:50
A
48m/分
240m
5分
7:55
B
64m/分
15分
16
240÷(64−48)=15分
64×15×2=1920
1920m
(2)
学
公
A
90m/分
40m
4分
B
70m/分
80÷(90−70)=4分
(90+70)×4=640
640m

POINT 自分で必要なスペースを割り振れるので、文字が詰まることもなく、思考を整理しやすい。

ノートのほうが断然書きやすい!

プリントはスペースが画一的で書きにくい

NG

2 (1) A君は毎分48m、B君は毎分64mの速さで進みます。A君は午前7時50分に公民館から学校へ、B君は午前7時55分に学校から公民館へ向かって出発しました。すると2人は公民館と学校のちょうど真ん中の地点で出会いました。学校と公民館の距離は何mでしょうか。

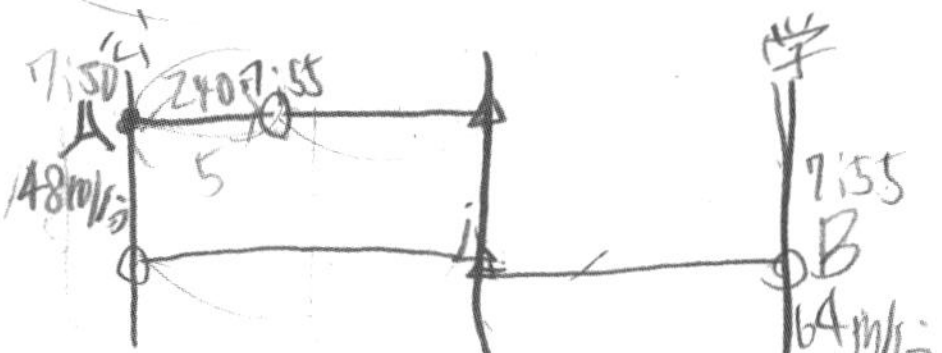
7:50
A
240
7:55
5
48m/分
学
7:55
B
64m/分

(2) A君は毎分90m、B君は毎分70mの速さで進みます。A君が学校から公民館へ、B君が公民館から学校へ向かって同時に出発すると、2人は学校と公民館のちょうど真ん中から40mだけ公民館に近い場所で出会いました。学校と公民館の距離は何mですか。

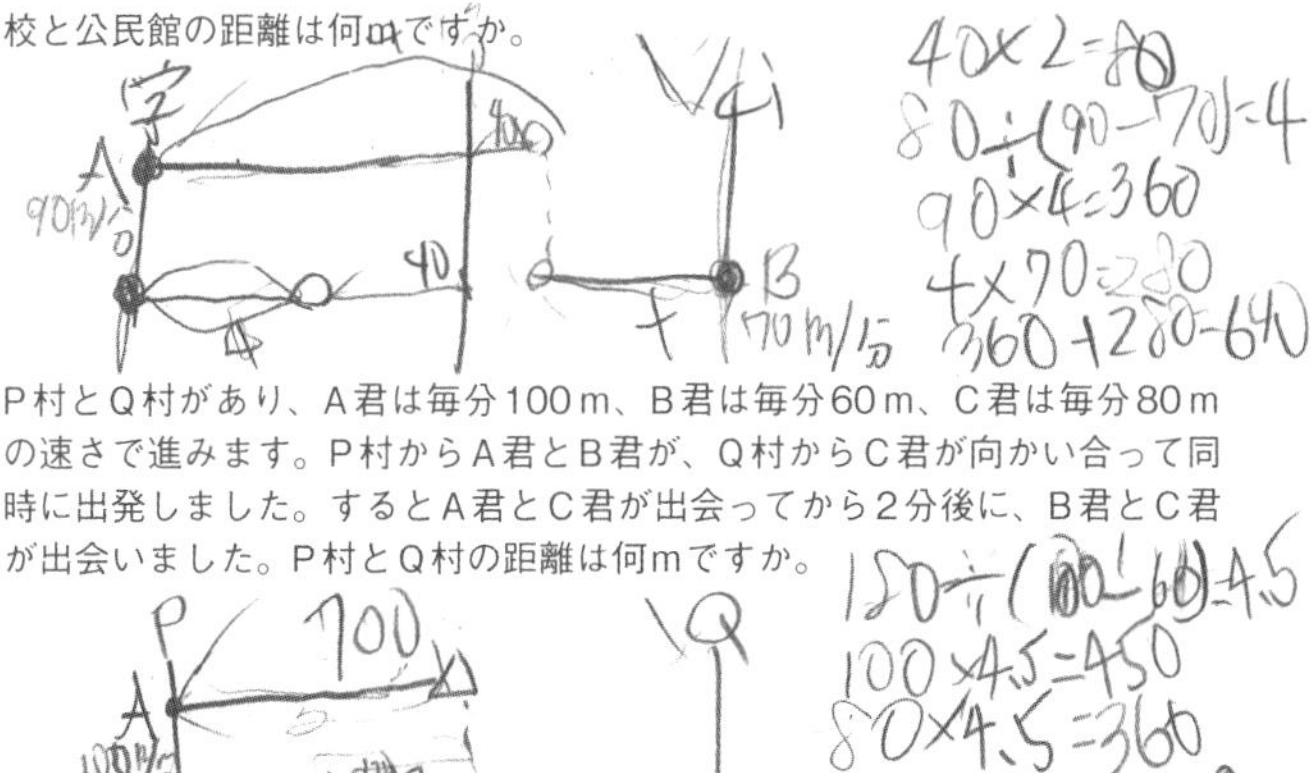
学
A
90m/分
40
B
70m/分
40×2=80
80÷(90−70)=4
90×4=360
4×70=280
360+280=640

(3) P村とQ村があり、A君は毎分100m、B君は毎分60m、C君は毎分80mの速さで進みます。P村からA君とB君が、Q村からC君が向かい合って同時に出発しました。するとA君とC君が出会ってから2分後に、B君とC君が出会いました。P村とQ村の距離は何mですか。

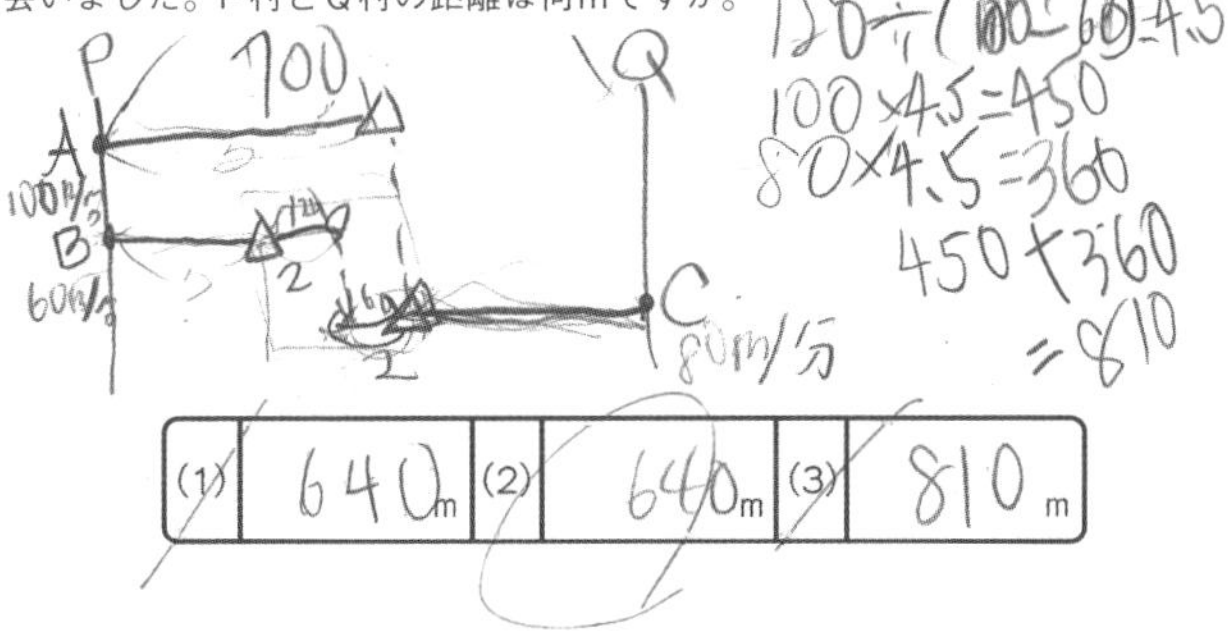
P
Q
A
100m/分
B
60m/分
2
C
80m/分
180÷(100−60)=4.5
100×4.5=450
80×4.5=360
450+360
=810

(1)	640 m	(2)	640 m	(3)	810 m

POINT
(1)(2)(3)、どれもが同じスペースのため、問題によっては書ききれず、ぐちゃぐちゃになってしまう。

どちらも同じ問題!(同じ子です)

算数

04 成績が上がる「答え合わせ」の仕方

基本ノート

答え合わせは次の手順で行いましょう。日常の演習だけでなく過去問も同様です。

①**【赤ペン使用】** 解答を見て、「正解＝○」「不正解＝／」「わからず途中のまま、白紙のまま＝×」をつける。「／」「×」の正答は書き写さない（解き直す際、正解を意識してしまうため）。

②**【鉛筆使用】**「／」を見直し、**自分で間違いを見つけ、その部分から解き直す。** 一から解き直しても力はつかない。

「×」は解説を読み、理解できれば鉛筆で解き直す。**理解できなければ解き直しも写しも不要。**

いずれも赤ペンで解き直さない（消しゴムが使えずグチャグチャになるため）。

③**【青ペン使用】** ②の解き直しの丸つけをする（1回目と区別するため）。

※力をつけたいときは、正解するまで②と③をくり返します。

入試は一発勝負。赤ペンと青ペンを使い分けることで、子どもに解答の精度を意識させます。

確実に力がつく「答え合わせ」と「解き直し」

OK

基本ノート

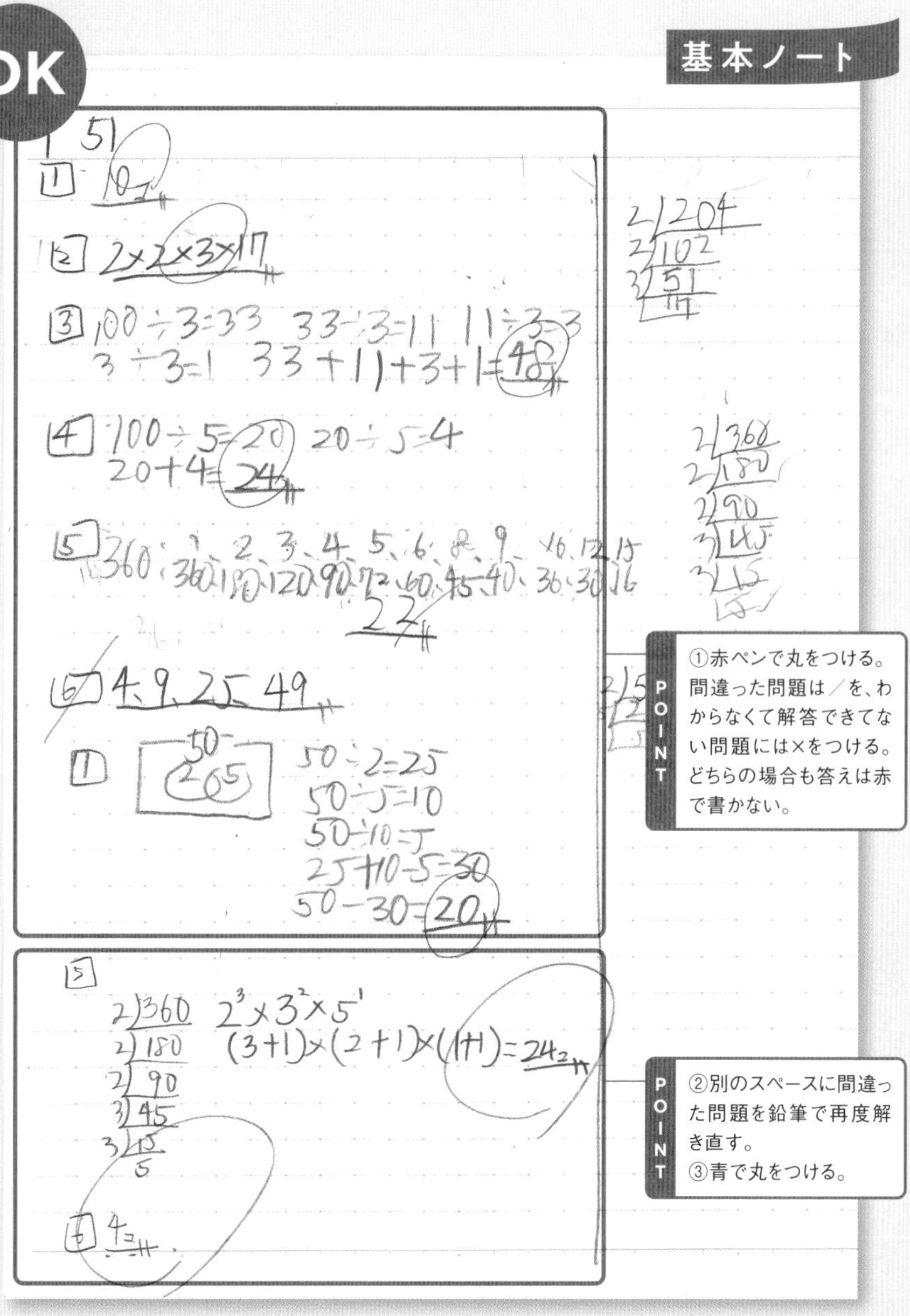

POINT
①赤ペンで丸をつける。間違った問題は／を、わからなくて解答できてない問題には×をつける。どちらの場合も答えは赤で書かない。

POINT
②別のスペースに間違った問題を鉛筆で再度解き直す。
③青で丸をつける。

ムダを省き力をつける3つのポイント

さらに、次のことを意識すると学びの定着度が上がります。

1、答え合わせは1問ずつしない

1問ずつ答え合わせをすると、次の答えが目に入ってしまいます。また、問題と解答の往復が増え、時間のムダです。区切りの良い所まで解き、まとめて答え合わせしましょう。

2、まったくわからない問題は不要

解説を読んでもさっぱりわからない問題は、お子さんの現状のレベルと合っていません。式と答えを書き写しても〝写経〟になるだけで時間のムダです。潔く捨てましょう。

3、テキスト、問題集にも「／」「×」をつける

テキストや問題集の問題番号の部分に「／」「×」をつけると、復習をするときに「ここは一回で正解できなかったんだな」と一目でわかります。また、数か月後に「／」や「×」が解けたとき、大きな自信になります。

右ページを解き直し用に空けておいてもOK

OK

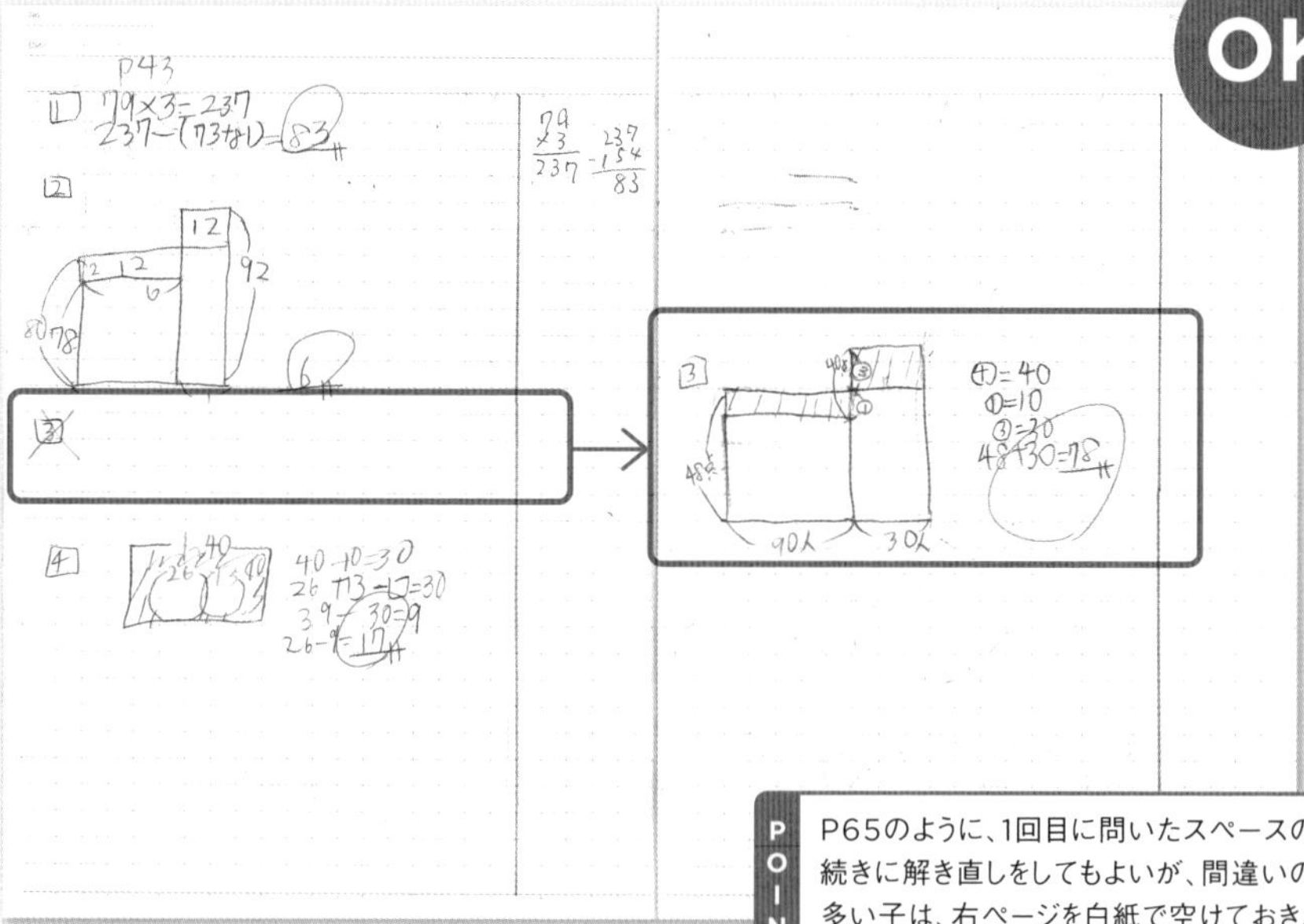

P
O
I
N
T

P65のように、1回目に問いたスペースの続きに解き直しをしてもよいが、間違いの多い子は、右ページを白紙で空けておき、そこに解き直しをしてもよい。

NG

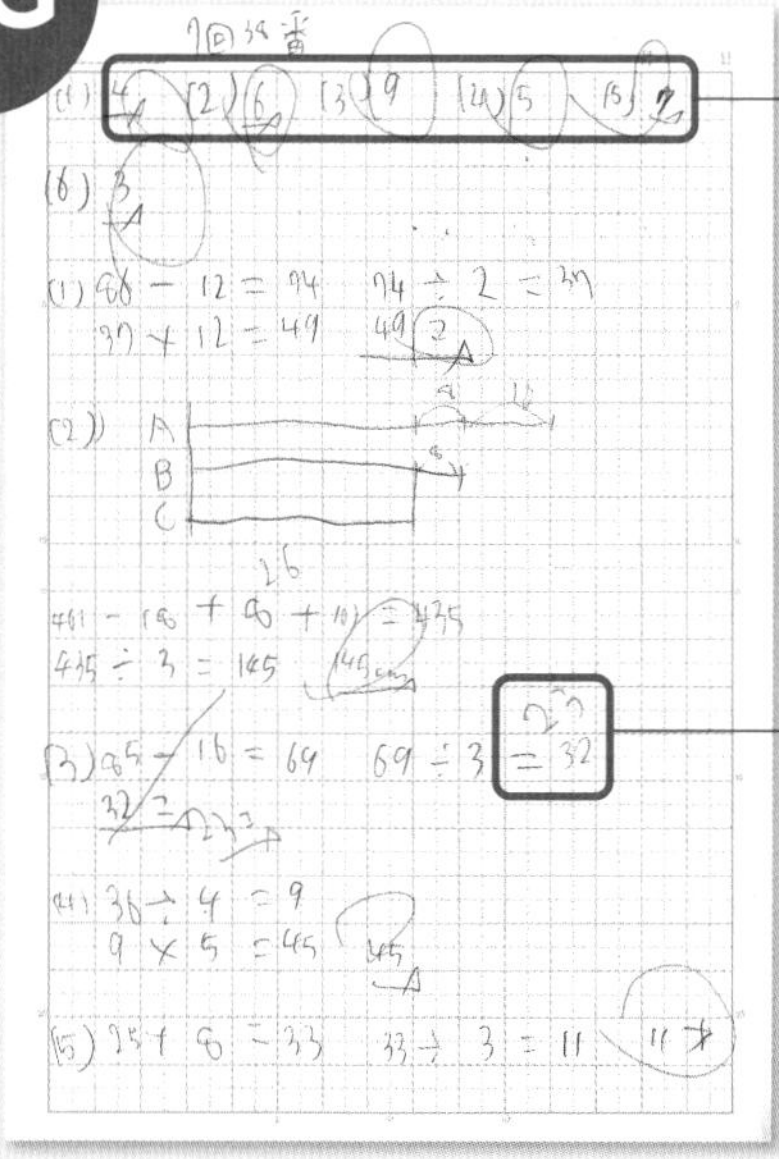

横に並べて
解答を書いている。
スペースに余裕がない

正解を赤で
書き写しただけで
解き直しをしていない

P
O
I
N
T

「間違えた問題の横に赤で答えを書いて終了」は子どもが自分で答え合わせをするときに一番多いNGパターン。

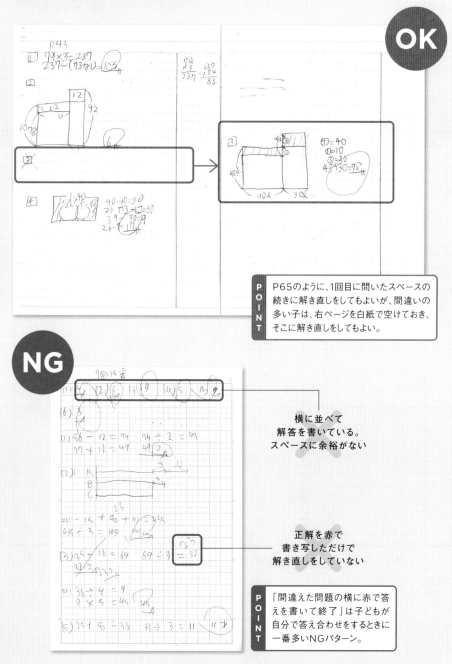

05 「計算ノート」で子どものコンディションを把握する

基本ノート

毎日取り組む勉強の筆頭に上がるのが「計算」です。塾で配られる、あるいは市販の計算問題集は微妙に書き込めるスペースがあるため、そこに書き込んで、スペースが足りないと適当な裏紙に……という子が多いですが、それはNG。塾で専用のノートが用意されている場合はそのノートに、そのノートが使いにくい場合は別にノートを用意しましょう。

つまり、**計算問題集専用の「計算ノート」を作る**ということで、これは、くくりとしては「演習ノート」となります。

「計算ノート」には日付やページ、問題番号に加え、必ず「かかった時間」を書きましょう。時間をはかることで集中しやすくなり、かかった時間から問題の難度や子どもの心身のコンディションを把握できます。

丸つけは子どもが自分で行い（P64の要領で）、1週間に一度は親もチェックしましょう。計算の正答率と筆跡は、子どもの状態を顕著に表します。**ミスが多い場合は気分が荒れていたり、雑な字や途中式なしで100点が続くときは答えを丸写ししている可能性もあります。**

集中力がつく「計算ノート」の作り方

基本ノート

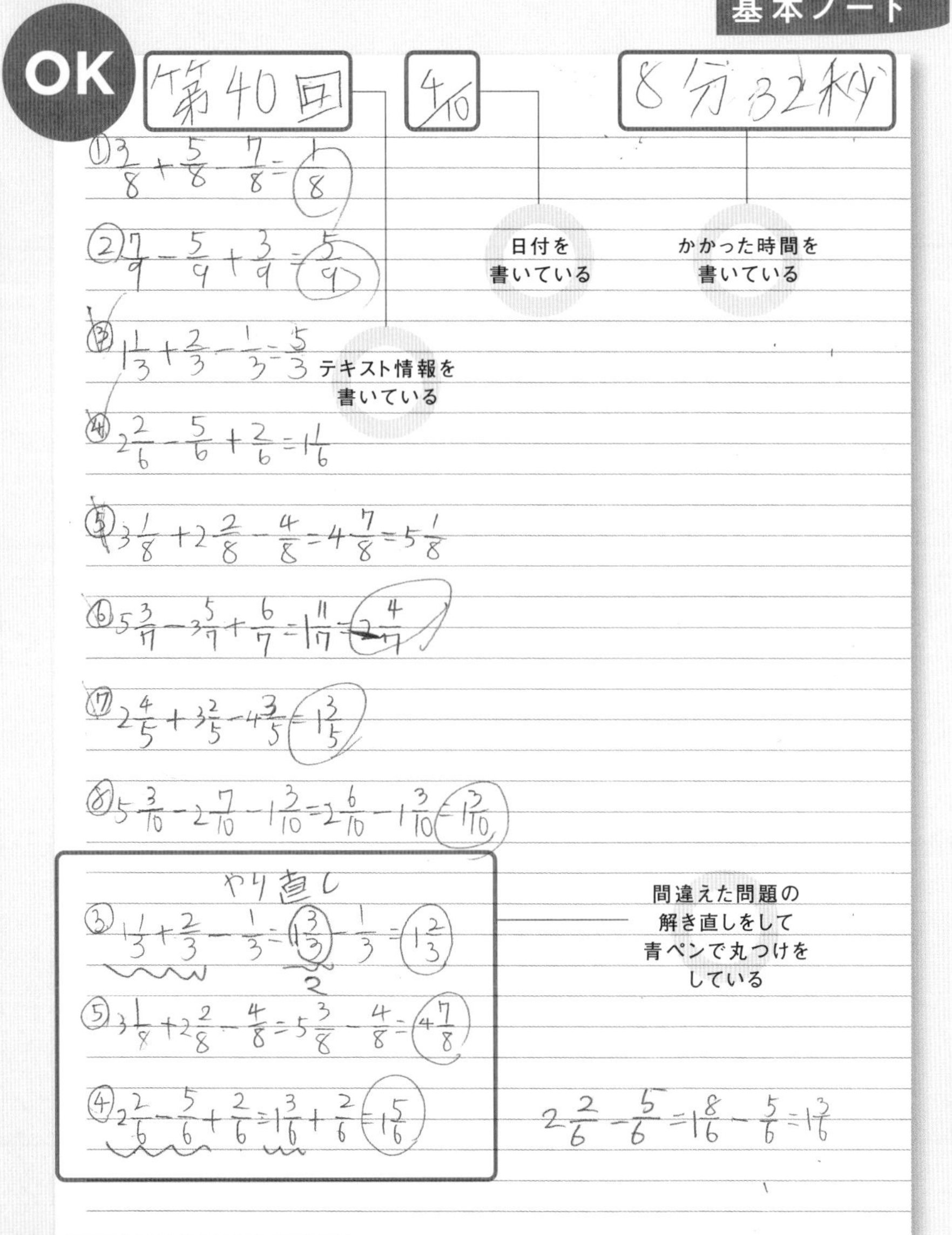
OK
第40回
4/10
8分32秒
日付を書いている
かかった時間を書いている
テキスト情報を書いている
やり直し
間違えた問題の解き直しをして青ペンで丸つけをしている

POINT
式に分数が出てくるときは罫を2行使い、＋－×÷＝は罫線に沿って書く。ノートの右側は空けて、筆算が必要な場合などはここを使う。

算数

06 図形や線分図を書くときの最重要ポイント

図形や線分図が解けない子のノートを見ると、線が波打っていたり平行四辺形が正方形になっていたり、4分の1と書かれているのに2分の1程度の比率で書いていたりします。

このように、**適当に書くことによって、誤った視覚イメージに支配され、答えを間違えやすくなる**のは言わずもがなですが、実は、そのずいぶん手前でつまずいているケースが意外とあります。

子どもが意外と知らないポイント

①線には書き順がある

基本的に漢字の書き順と同じく、**「縦線は上から下」「横線は左から右」**に引きます。これは、線の着地点の見当をつけ、鉛筆の先をそこできちんと止めるためです。逆向きに引くと、手が鉛筆の先を隠してしまい、線がフニャフニャになったり、ゆがんでしまいます。

②情報は問題文に出てくる順に書き込む

数字や情報は問題文に沿って書き込んでいきます。しかし、**子どもは〝目についたものから〟書き込んでいくため、記入漏れが生じます。**

難問の場合は問題を読んで俯瞰してから書き始めることもありますが、それは6年生の最上位クラスの話です。基本的には、順番にひとつずつ図形や線分図に書き込んでいきます。

③バランス

大きさや割合、平行や直角といった概念がなければ正確な図は書けません。また、概念を持っていても、面倒くさいとその通りに書かないのが子ども。〝これらの**概念に忠実に書かねばならない**〟〝そうしないと、間違いやすく、失点する可能性が高くなる〟ことをわからせ、徹底するようにします。

〝書き方〟を改めれば思考が正されます。次のページから、①〜③のチェック項目を用意しました。この3つの最重要ポイントができているか、親御さんがぜひチェックしてあげてください。

チェック①
書き順や図形の性質を理解できている?

レベル1：正方形をフリーハンドで
書かせてみましょう

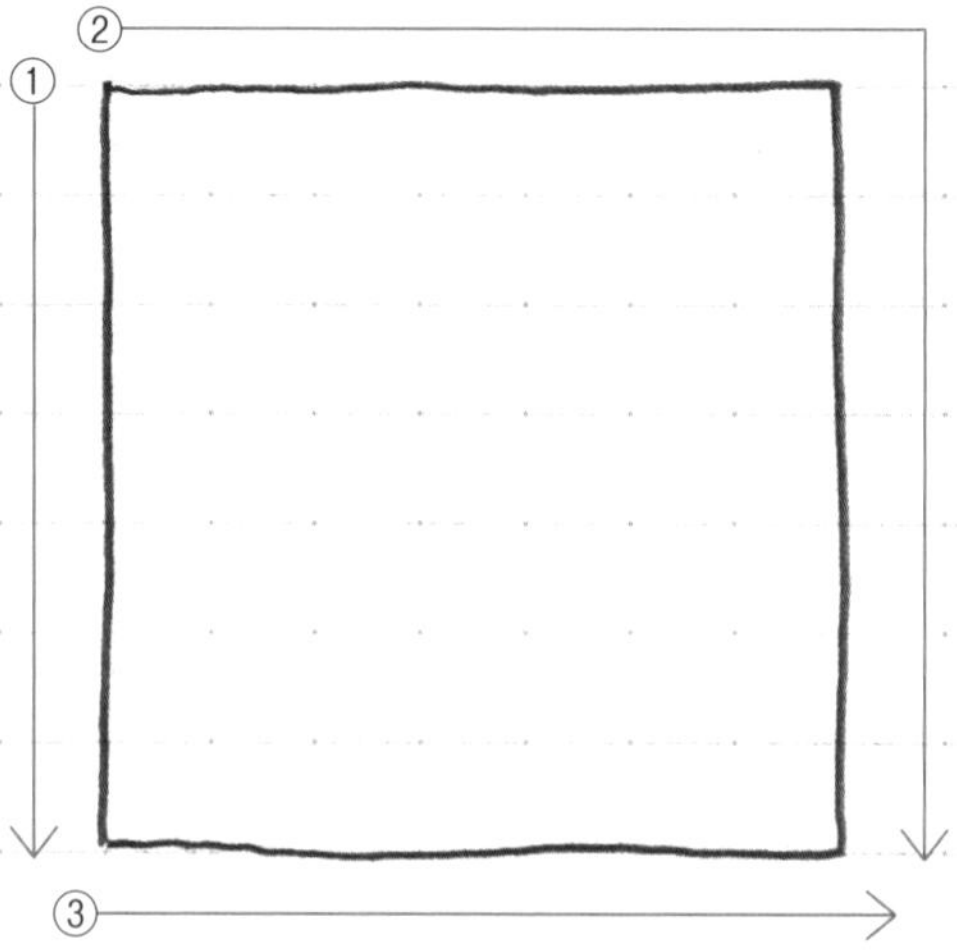

【チェック項目】

□4辺の長さがほぼ等しいか?
□辺と辺がくっついているか?
□4隅が直角になっているか?
□書き順は合っているか?

縦と横の線が同じ長さで、直角だということを理解して書くことが大事!

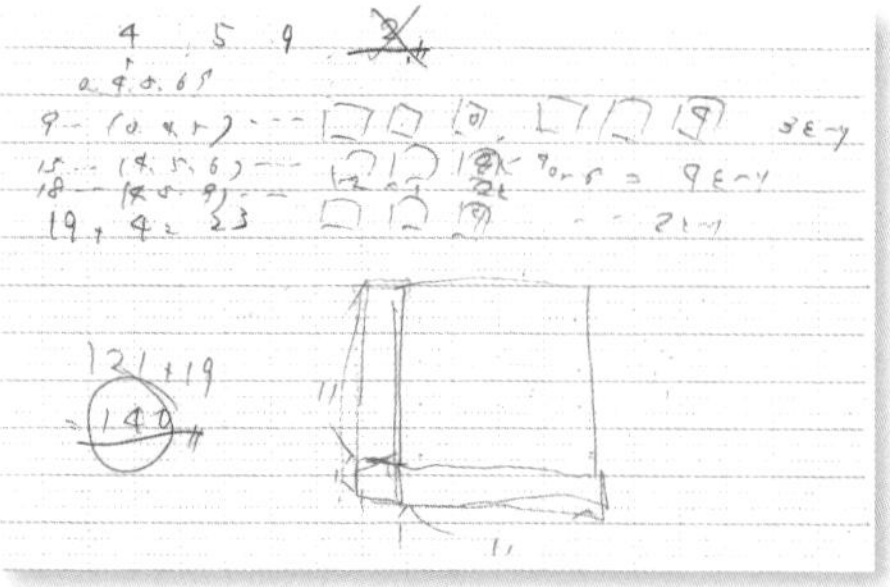

こんな書き方はNG!

線を一気に引かずシャッシャッとデッサンのように書いてはダメ。正方形は4本の直線で成り立っているという事実をないがしろにしない!

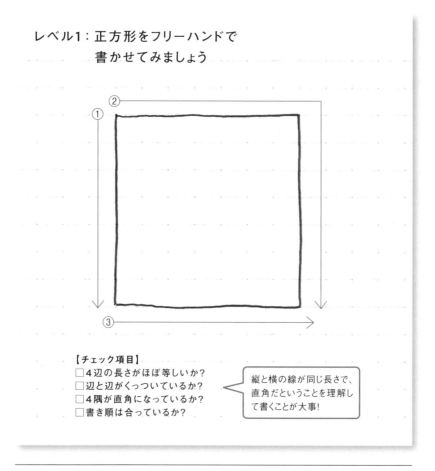

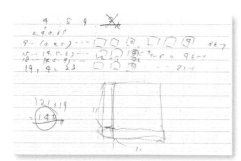

レベル2：立方体をフリーハンドで書かせてみましょう

【上級編】

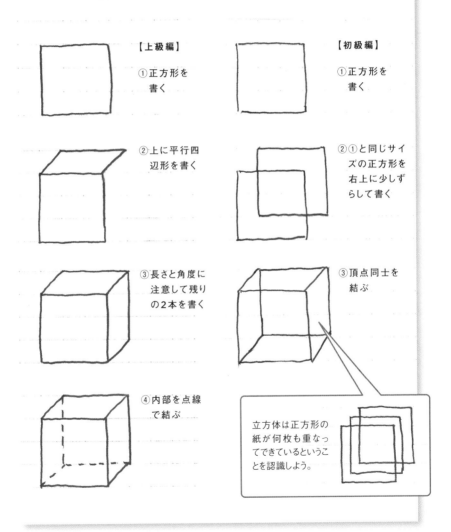

①正方形を書く

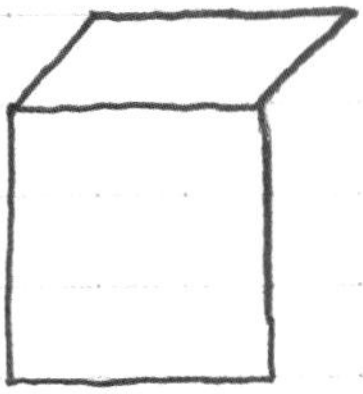

②上に平行四辺形を書く

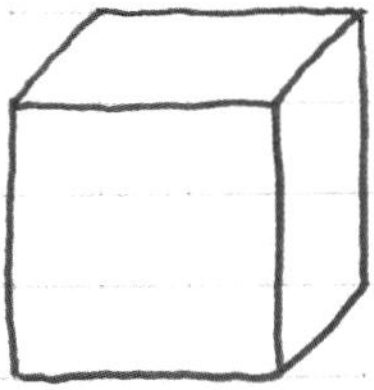

③長さと角度に注意して残りの2本を書く

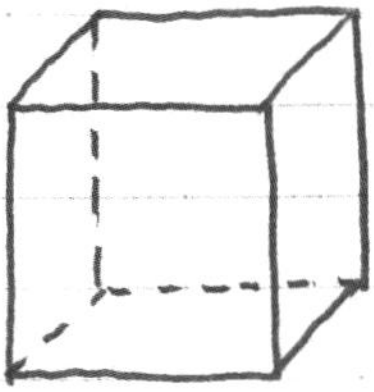

④内部を点線で結ぶ

【初級編】

①正方形を書く

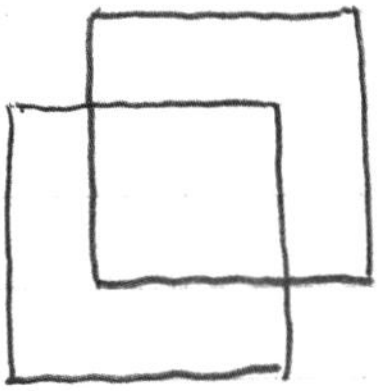

②①と同じサイズの正方形を右上に少しずらして書く

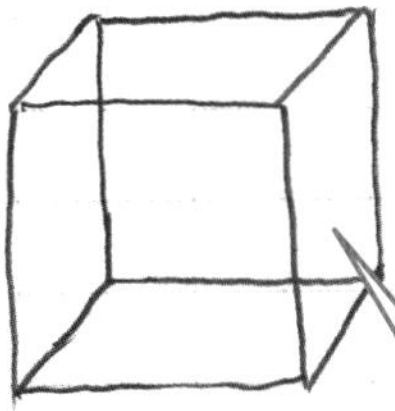

③頂点同士を結ぶ

立方体は正方形の紙が何枚も重なってできているということを認識しよう。

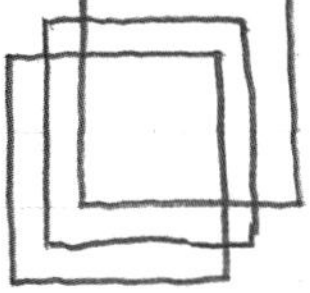

チェック②
情報を整理できている？

問　兄は2.4㎞離れた公園に弟を迎えに行きました。兄が家を出てから5分後に、弟は公園を出て家に向かい、10分後に兄と出会いました。兄の歩く速さが120m／分のとき、弟の歩く速さを求めなさい。

＜①兄は2.4㎞離れた公園に弟を迎えに行きました＞

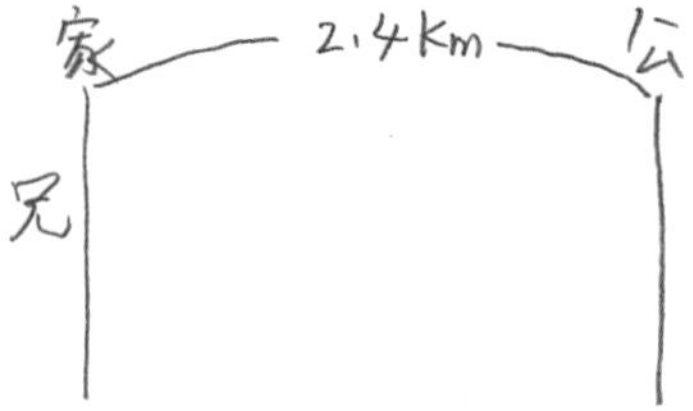

＜②兄が家を出てから5分後に、弟は公園を出て家に向かい＞

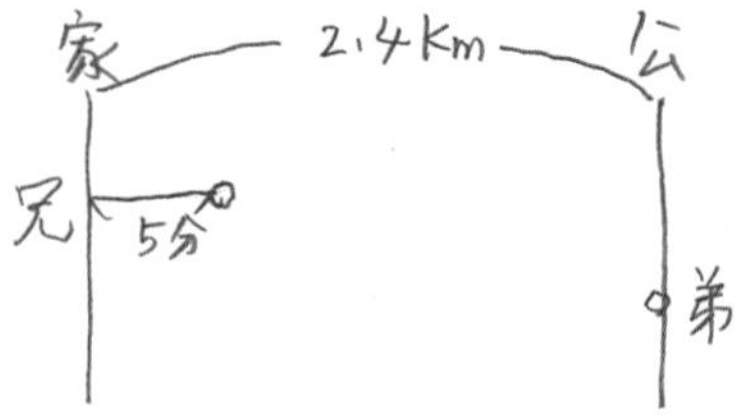

＜③10分後に兄と出会いました＞

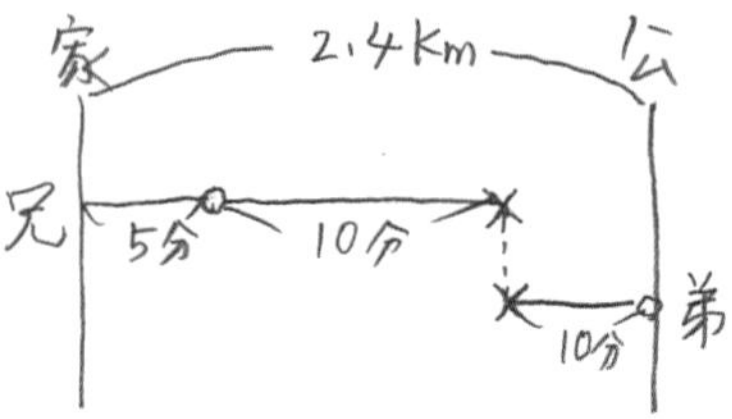

POINT
上に距離、下に時間など書く位置を決めておくと見やすい。マークや数字は大きすぎず小さすぎないようにする。

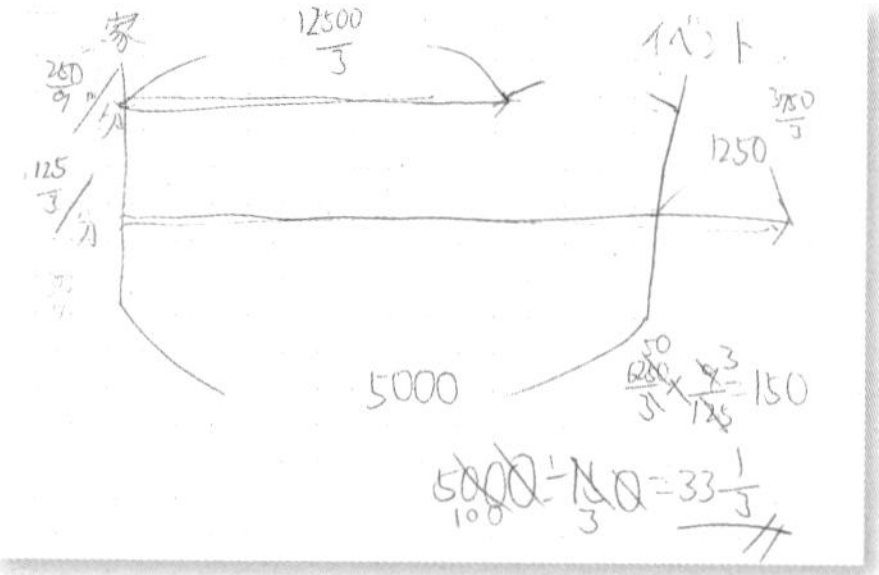

こんな書き方はNG！

情報を端折りすぎていて、条件を整理できていない。単位もまともに書かれておらず、解く糸口がつかめない。

チェック③
大きさや割合をイメージできている？

レベル1：縦5センチ、横8センチの長方形を
　　　　フリーハンドで書かせてみましょう

左の長方形は縦5センチ、横8センチです。お子さんが書いたものと比べてみましょう。

レベル2：線分図を書いて3分の1を
　　　　マークさせてみましょう

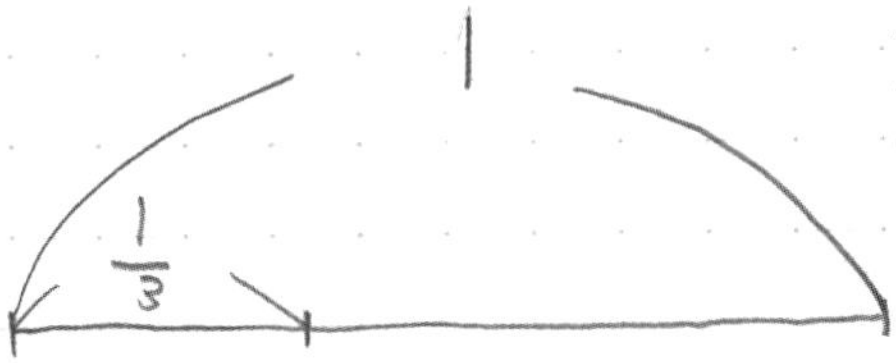

一度比率が大体合っているか、定規ではかって確かめてみましょう。

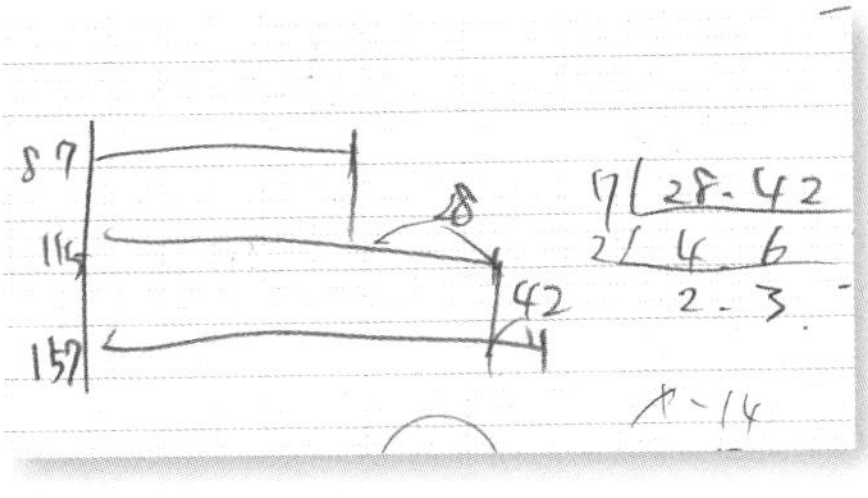

こんな書き方はNG！

差の28と42の長さが逆転しているなど、割合がかなり適当。この線分図を元にして計算すると間違える恐れが大！

07 知っているとミス激減！「書き順」と「書き出し」のコツ

算数は「書く」ことが全てですが、中でも〝少し意識するだけで劇的に正答率が上がるコツ〟があります。それは、

①図形の記号の打ち方
②樹形図〝書き出し〟のスタート位置
③規則性の表の縦線・横線

です。

算数はアルファベットを多用するので、ご家庭でA～Z、a～zの読み書きができるようにしておく必要があります。

また、場合の数などで〝書き出す〟ときは、書き出すスタート位置によって解く際の明暗がわかれます。

それぞれのポイントをまとめたので、お子さんと一緒に確認してみましょう。

①記号は適切な大きさで左上から反時計回りに

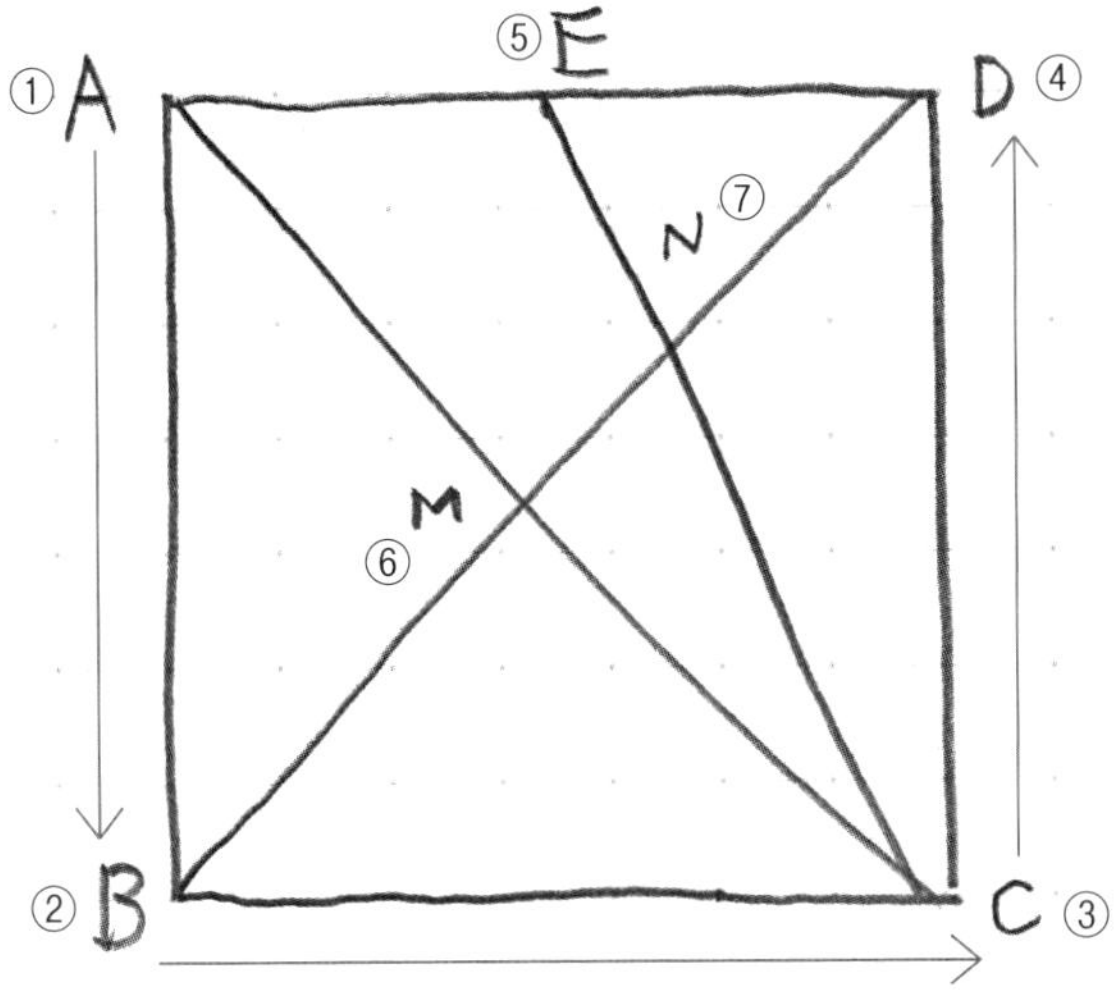

POINT
記号はアルファベット順に書き込んでいきます。
頂点は「左上から反時計回りに打つ」のが世界共通のルールです。

NG

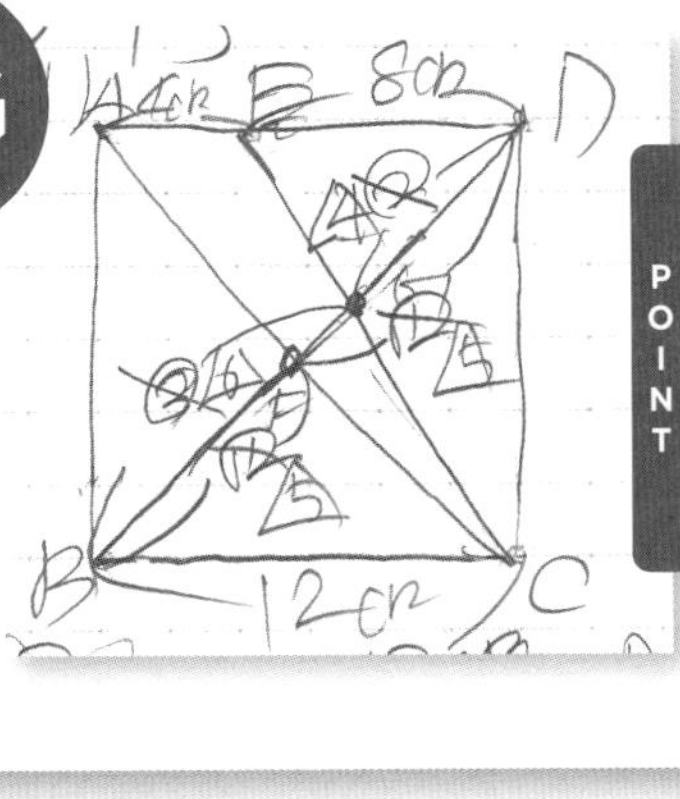

POINT
適当に記号を書くクセがつくと、複雑な問題になったとき、記号を書き忘れたり、ぐちゃぐちゃになったりして、ミスをしやすくなります。
記号が大きすぎると情報が見にくくなるので、解きやすいサイズで書きましょう。

②「樹形図」はノートの真ん中から書く

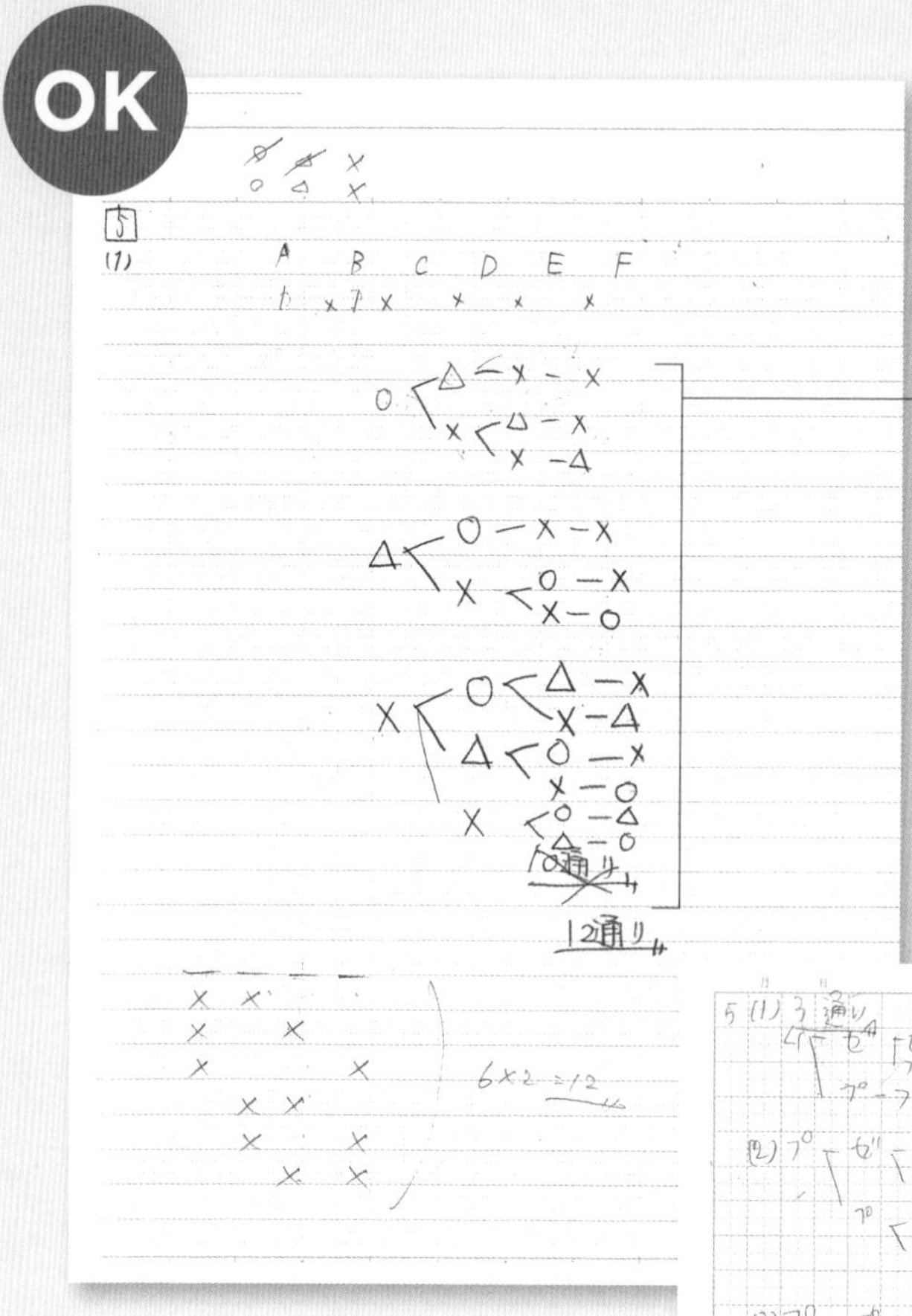

POINT

樹形図は、問題を数多くこなさないと、どこまで枝分かれするのか予想がなかなかできません。したがって、ぎゅうぎゅうになるのを防ぐために、慣れるまではノートの真ん中から書き始めましょう(左上から書かなくてOK)。

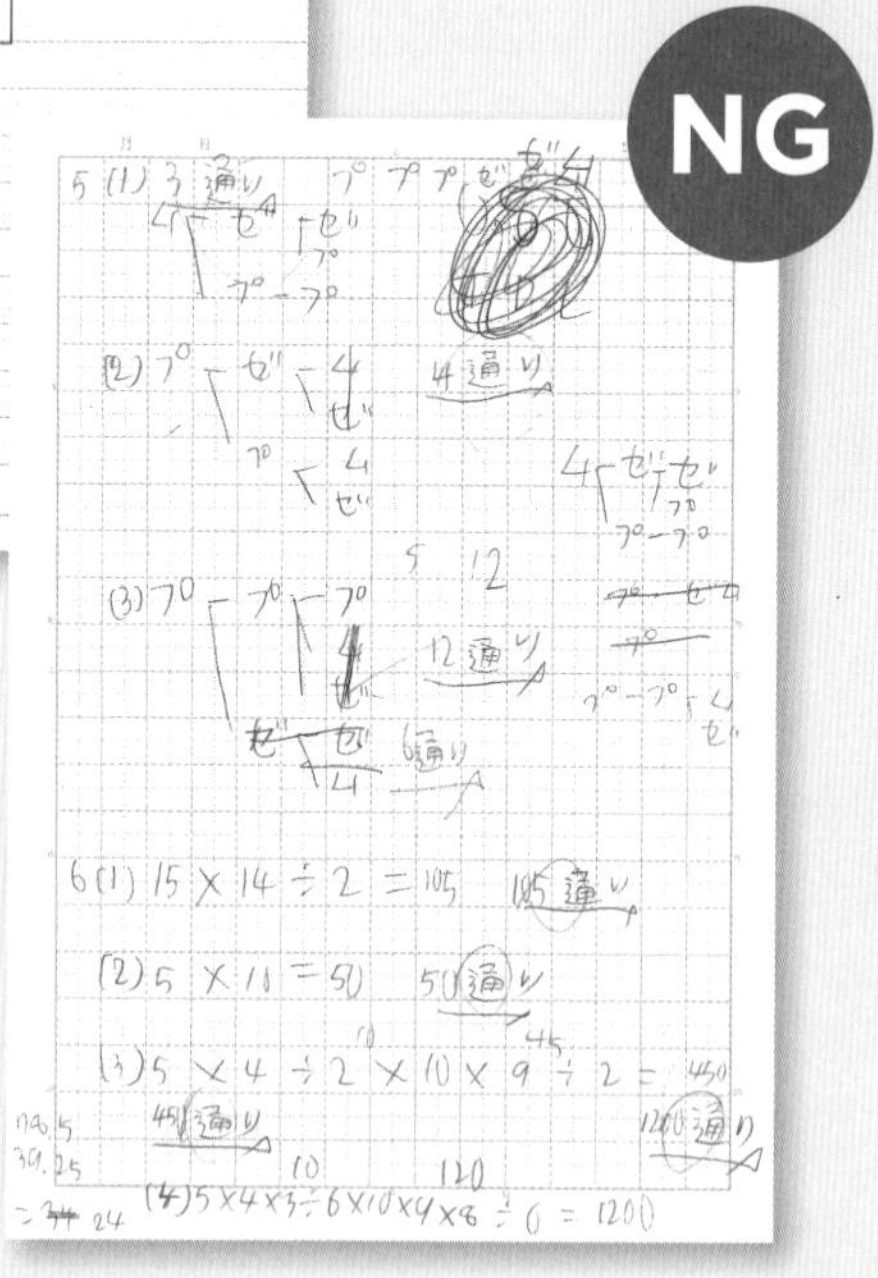

POINT

左上から書き始めると、上に枝分かれがしにくい。複雑な問題の場合は手に負えなくなるので要注意。

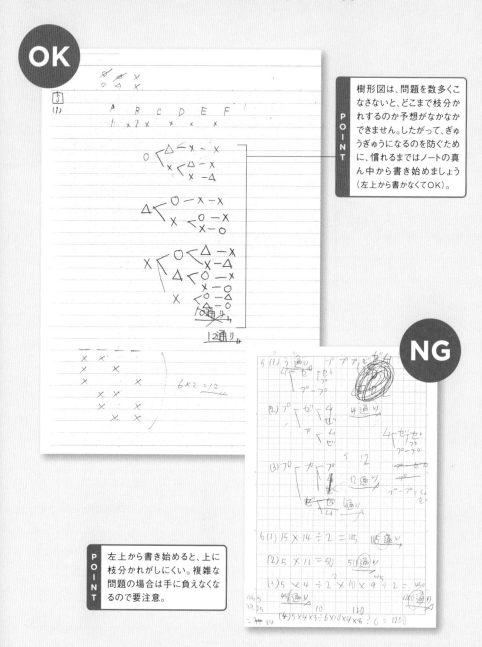

③「規則性」は縦線と横線で区切る!

OK

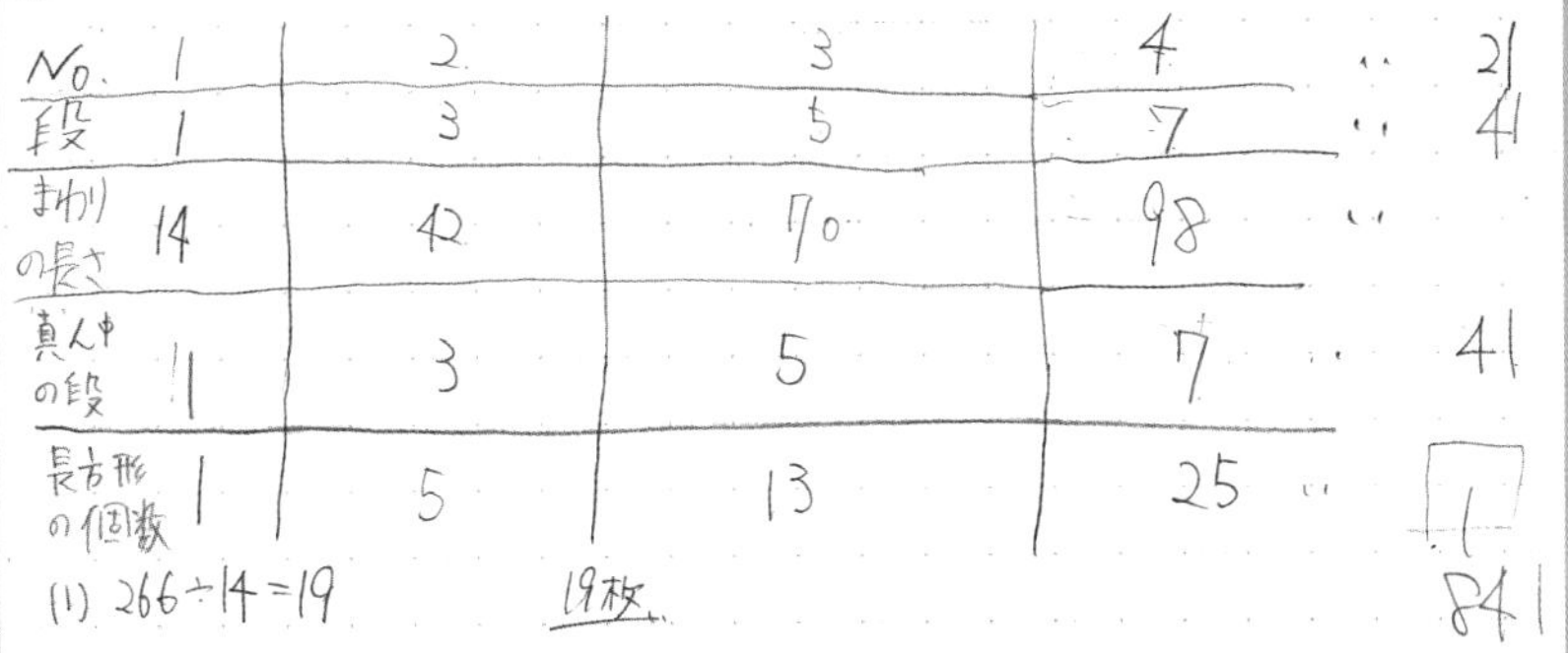
No. 1 2 3 4 21
段 1 3 5 7 41
まわりの長さ 14 42 70 98
真ん中の段 1 3 5 7 41
長方形の個数 1 5 13 25 841
(1) 266÷14=19
19枚

POINT
規則性は条件を整理して表にまとめる。縦線・横線で区切ることによって要素が一気に見やすくなる。

NG

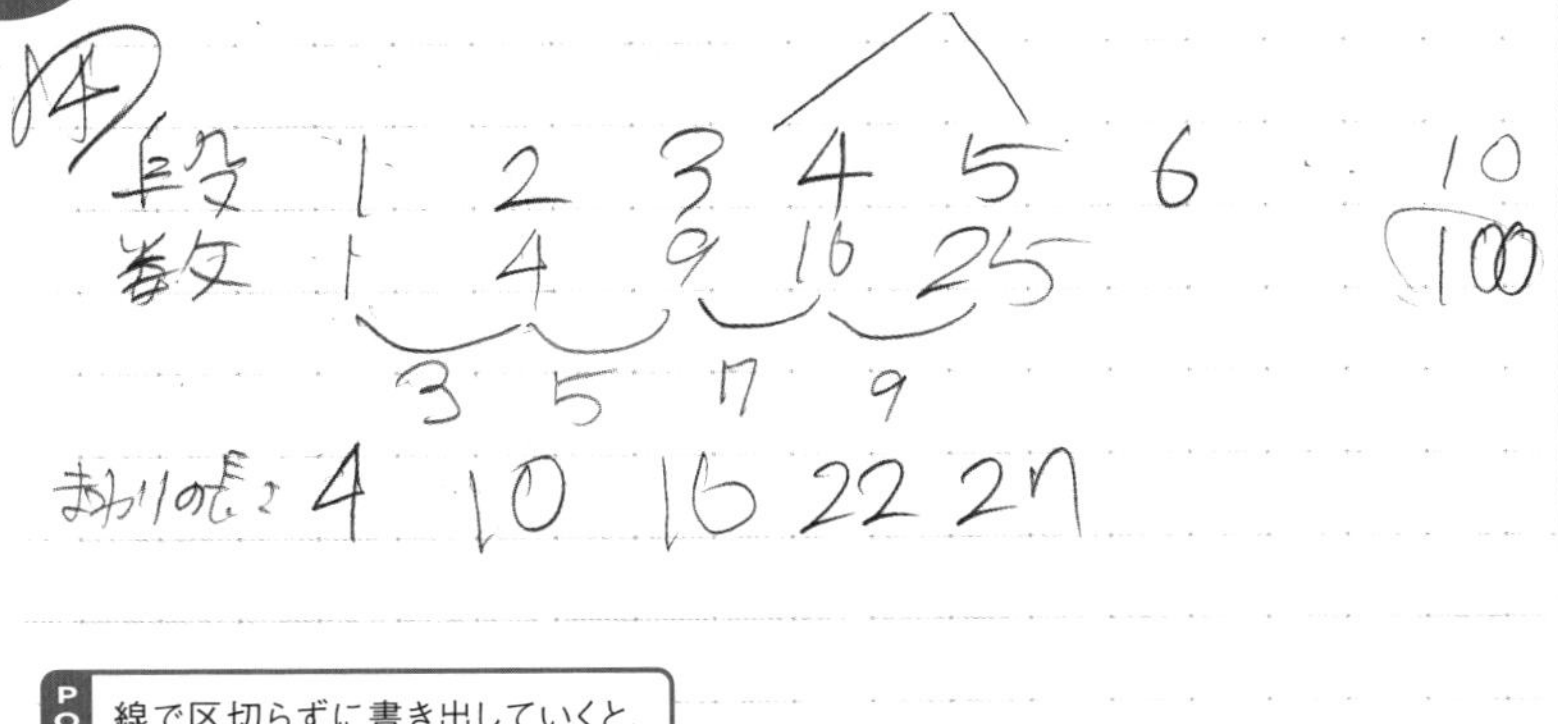
段 1 2 3 4 5 6 10
数 1 4 9 16 25 100
3 5 7 9
まわりの長さ 4 10 16 22 27

POINT
線で区切らずに書き出していくと、要素が混ざってミスをしやすい。

08

「間違いノート」を作って苦手分野をあぶり出す

発展ノート

組分けテストや模試などで間違った問題は、ファイルにまとめていくことをおすすめしています。**「オリジナルの苦手問題集」を作るイメージ**です。

ただし、正答率が低いものはスルーしてかまいません。大切なのは「皆が解けている（入試で明暗をわける）」問題です。収集する目安は**自分が間違えた中で、「正答率が70％以上のもの」**です（難関校志望者は正答率50％以上、最難関校志望者は30％～35％以上と目安は変わります。また、テストのレベルによっても異なります）。

収集する際は、算数の7分野（P83参照）でわけます。したがって、ページの抜き差しが自由にできるルーズリーフに貼っていくのが便利です（問題を書き写すのは負担が大きく大変）。**その分野の枚数が増えるほどそこが苦手だとわかりますし、分野でわかれていると、子どもが頭の中に「引き出し」を作りやすくなります。**

問題を解けるようになるためには、たくさん解いて「このパターンのときはこれを使うんだ」と、自分で類型化していく必要があります。その類型化がすなわち「引き出し」です。

ルーズリーフに模試などで間違えた問題を貼る

POINT
間違った問題を問いた日付を入れる。

発展ノート

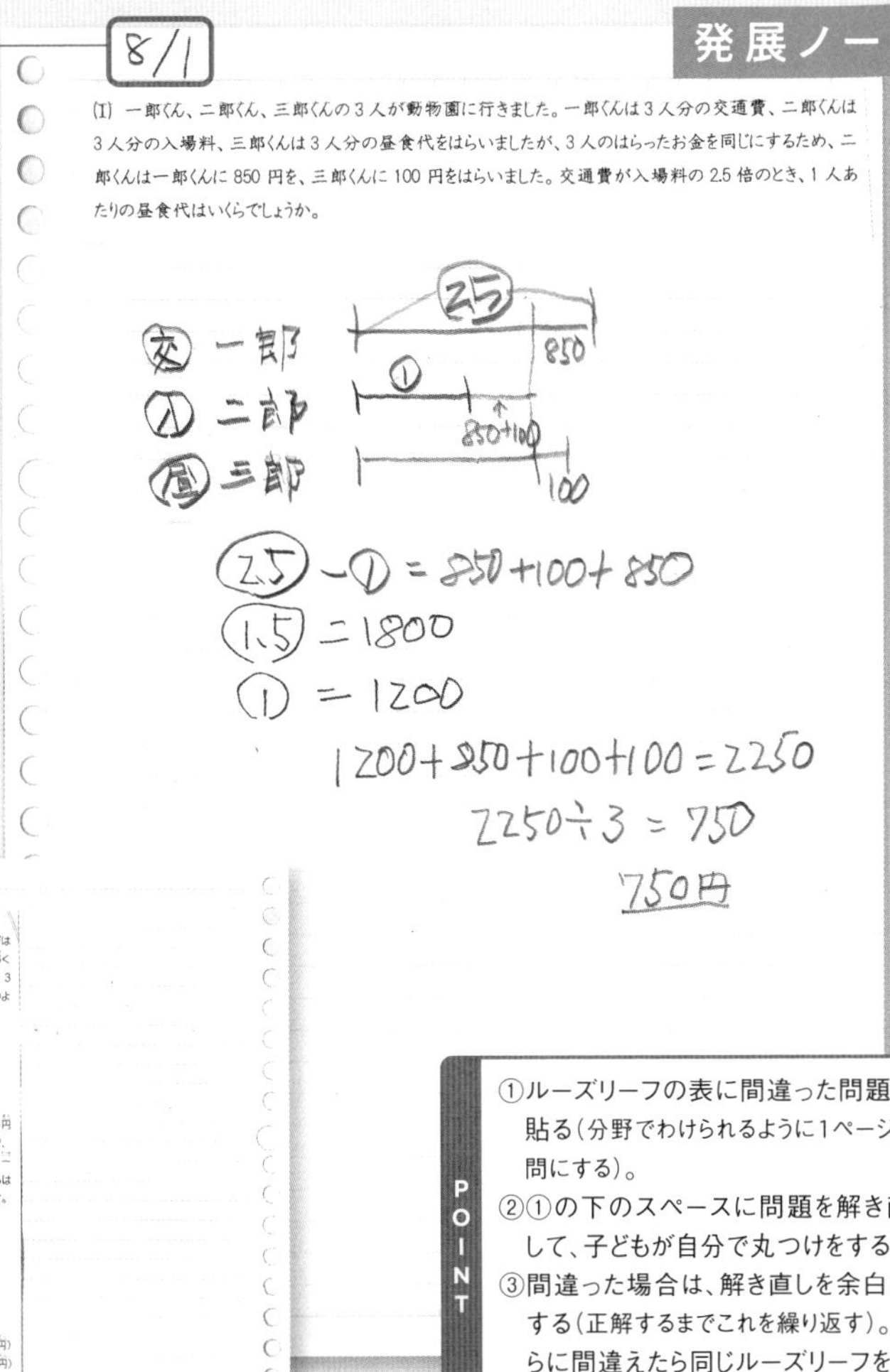

POINT
①ルーズリーフの表に間違った問題を貼る（分野でわけられるように1ページ1問にする）。
②①の下のスペースに問題を解き直して、子どもが自分で丸つけをする。
③間違った場合は、解き直しを余白にする（正解するまでこれを繰り返す）。さらに間違えたら同じルーズリーフをまた作る。

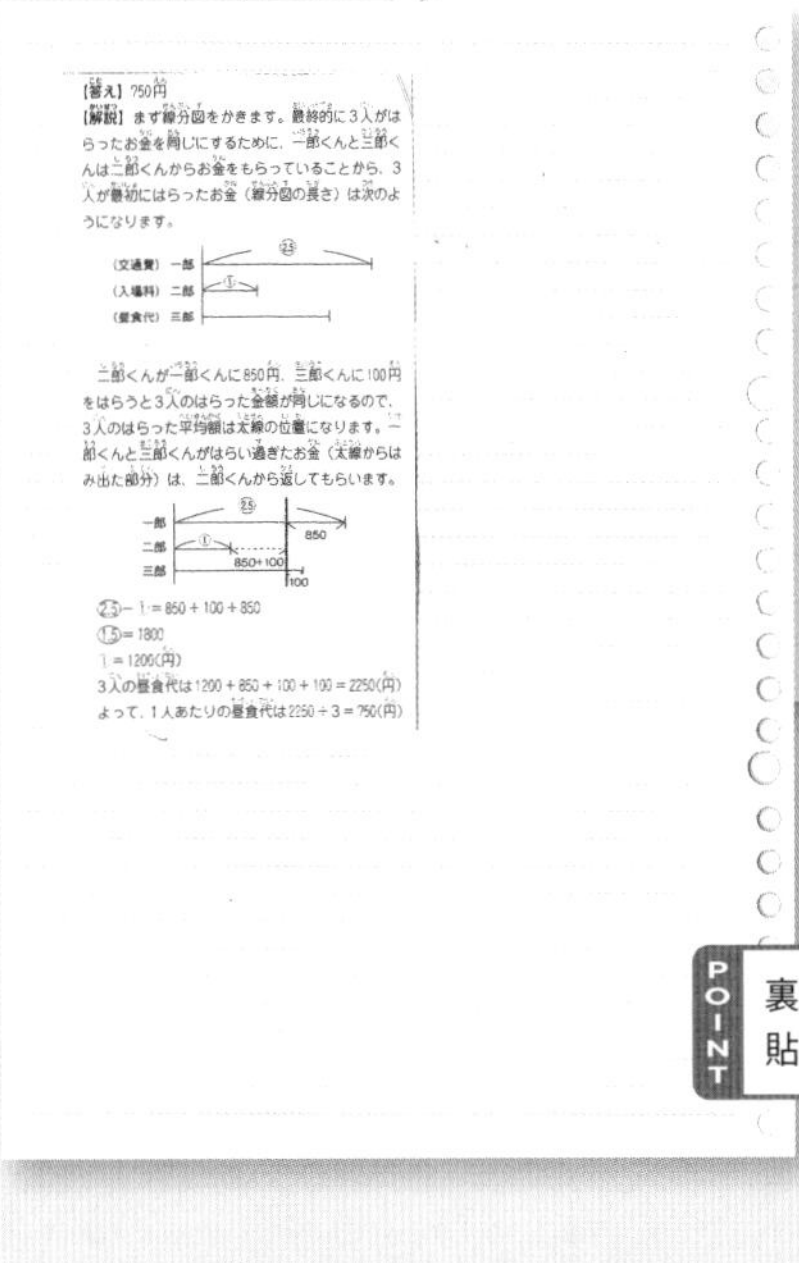
【答え】750円
【解説】まず線分図をかきます。最終的に3人がはらったお金を同じにするために、一郎くんと三郎くんは二郎くんからお金をもらっていることから、3人が最初にはらったお金（線分図の長さ）は次のようになります。

（交通費）一郎 2.5
（入場料）二郎 1
（昼食代）三郎

二郎くんが一郎くんに850円、三郎くんに100円をはらうと3人のはらった金額が同じになるので、3人のはらった平均額は太線の位置になります。一郎くんと三郎くんがはらい過ぎたお金（太線からはみ出た部分）は、二郎くんから返してもらいます。

一郎 2.5 850
二郎 1 850+100
三郎 100

2.5 − 1 = 850 + 100 + 850
1.5 = 1800
1 = 1200（円）
3人の昼食代は1200 + 850 + 100 + 100 = 2250（円）
よって、1人あたりの昼食代は2250 ÷ 3 = 750（円）

POINT
裏側には解答を貼る。

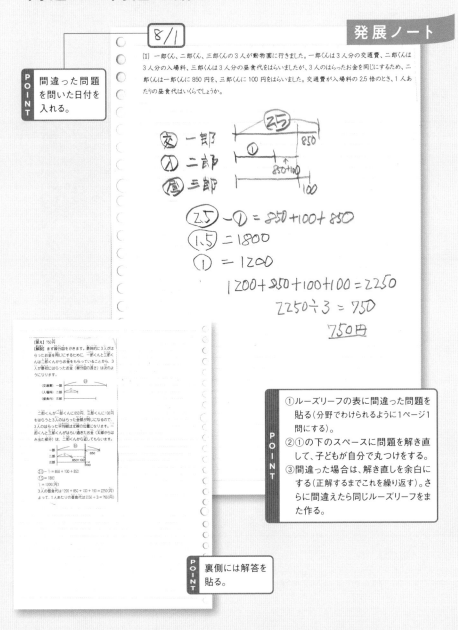

問題を貼ったルーズリーフは7分野にわけてファイルする

POINT こちらには前のページの問題の解答が貼られている。

POINT 解けなかった問題が貼ってある。

POINT 左ページの「算数7分野の表」を参照し、分野ごとにタグを入れ、問題を貼ったルーズリーフを分類していく。解けるようになった問題は抜いて、別の場所に保管する（薄くなるほど達成感が生まれる!）。

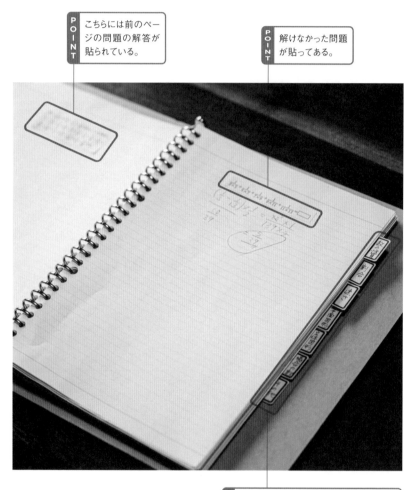

算数の基本の7分野

分野	単元	内容
①数の性質	約数・倍数	素数、約数関連、倍数関連、文章題など
①数の性質	小数と分数	既約分数など
①数の性質	規則性	等差数列、群数列、三角数など
①数の性質	その他	概数、N進法など
②割合と比	基本計算	歩合と百分率、約比、連比、比例式など
②割合と比	比の文章題	相当算、倍数算など
②割合と比	売買損益	売買損益
②割合と比	食塩水	食塩水
②割合と比	その他	単位あたりの量など
③速さ	基本計算	単位換算、公式、平均速度
③速さ	旅人算	速さの和と差
③速さ	比の利用	旅人算と比、歩数と歩幅など
③速さ	特殊な文章題	和差算、つるかめ算など
③速さ	ダイヤグラム	ダイヤグラム
③速さ	通過算	通過算
③速さ	流水算	流水算
③速さ	時計算	時計算
③速さ	点の移動	点の移動、グラフ
④平面図形	図形の性質	対称など
④平面図形	求角	(内角／対角線など)、同位角・錯角の利用など
④平面図形	多角形の求積	多角形、30度、円など
④平面図形	相似と長さ	縮尺、相似3種(ピラミッド／ちょうちょう／直角三角形)、反射など
④平面図形	面積比	底辺比、相似比など
④平面図形	図形の移動	平行移動、回転移動、転がり移動など
⑤立体図形	立体図形の性質	単位、投影図、展開図など
⑤立体図形	表面積と体積	柱体、すい体
⑤立体図形	立体の応用	円すいの転がり、回転体など
⑥場合の数	書き出し	和の条件、金額作り、道順など
⑥場合の数	順列と組み合わせ	数字作り、選び方など
⑥場合の数	その他	トーナメント戦、選挙など
⑦特殊算	和と差に関するもの	和差算、消去算、差集め算、つるかめ算など
⑦特殊算	割合に関するもの	分配算、年齢算、仕事算、ニュートン算など
⑦特殊算	規則性に関するもの	植木算、方陣算、日暦算、おまけ算など

算数

09

自分専用「お宝ノート」ができたら完璧！

発展ノート

6年生の秋以降は、**大事だと思うことを自分の言葉でノートにまとめていきましょう。**

解法で気付いたことや苦手なことなど、「これは絶対に注意しておかなくては」と感じることを書き込んでいきます。模試はもちろん、入試本番にも持って行き、見返しをするほか、「こんなに頑張ったんだから大丈夫」というお守りにもなります。

作るタイミングとして6年生の秋以降をおすすめするのは、入試が我が事にならないと〝やらされノート〟になるからです。こうなると自分に必要なことをまとめようとせず、無難にノートを作ってしまいます。

また、あまり早くから取りかかっても、まとめたことに満足をして見返しもせず、すっかり忘れてしまうことがほとんどです。

「お宝ノート」は、自分の得意・不得意が見え、過去問も始まる時期に作る「集大成ノート」となります。

お守りにもなる!
「お宝ノート」の作り方

発展ノート

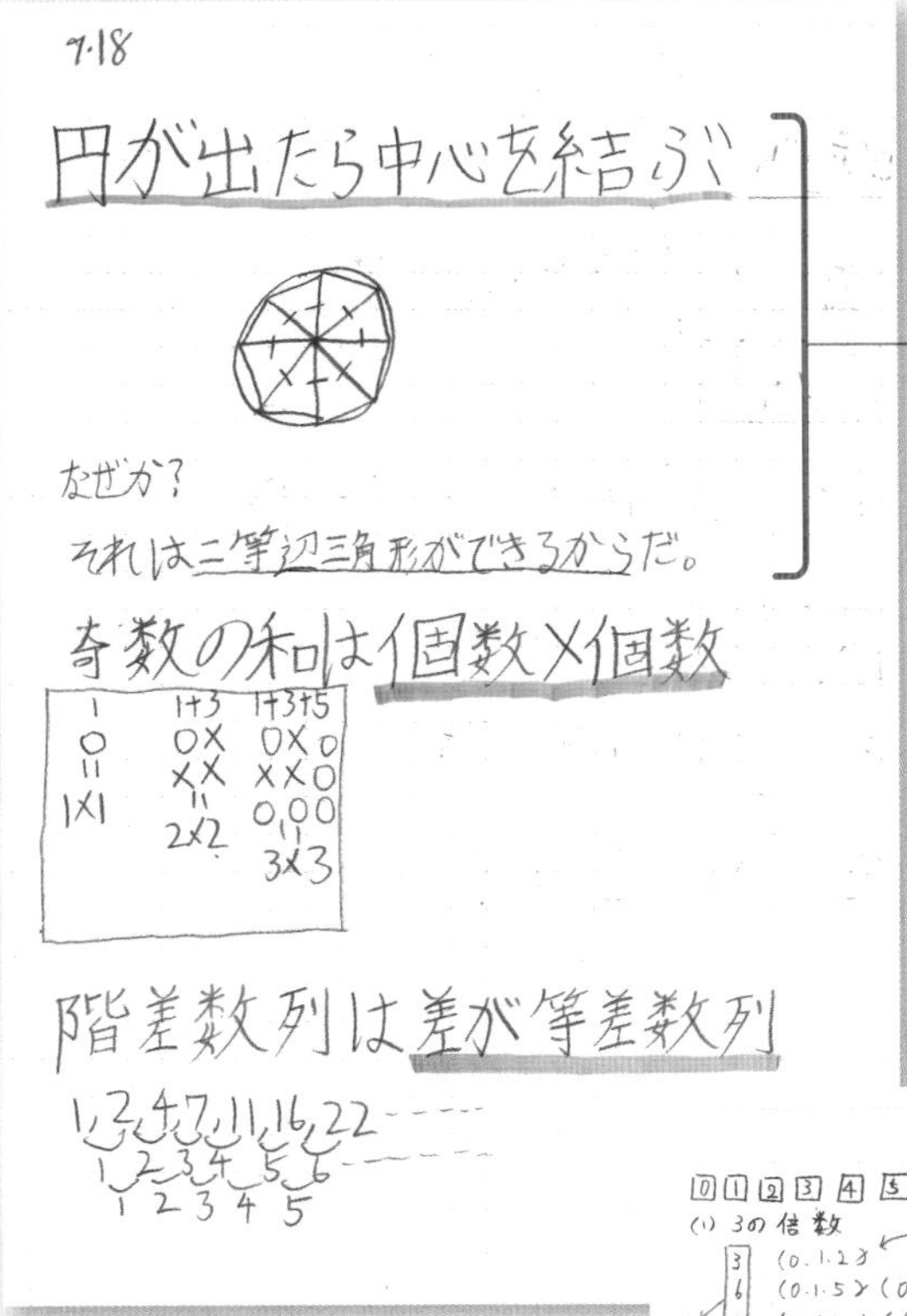

自分の言葉で
わかりやすく
まとめている

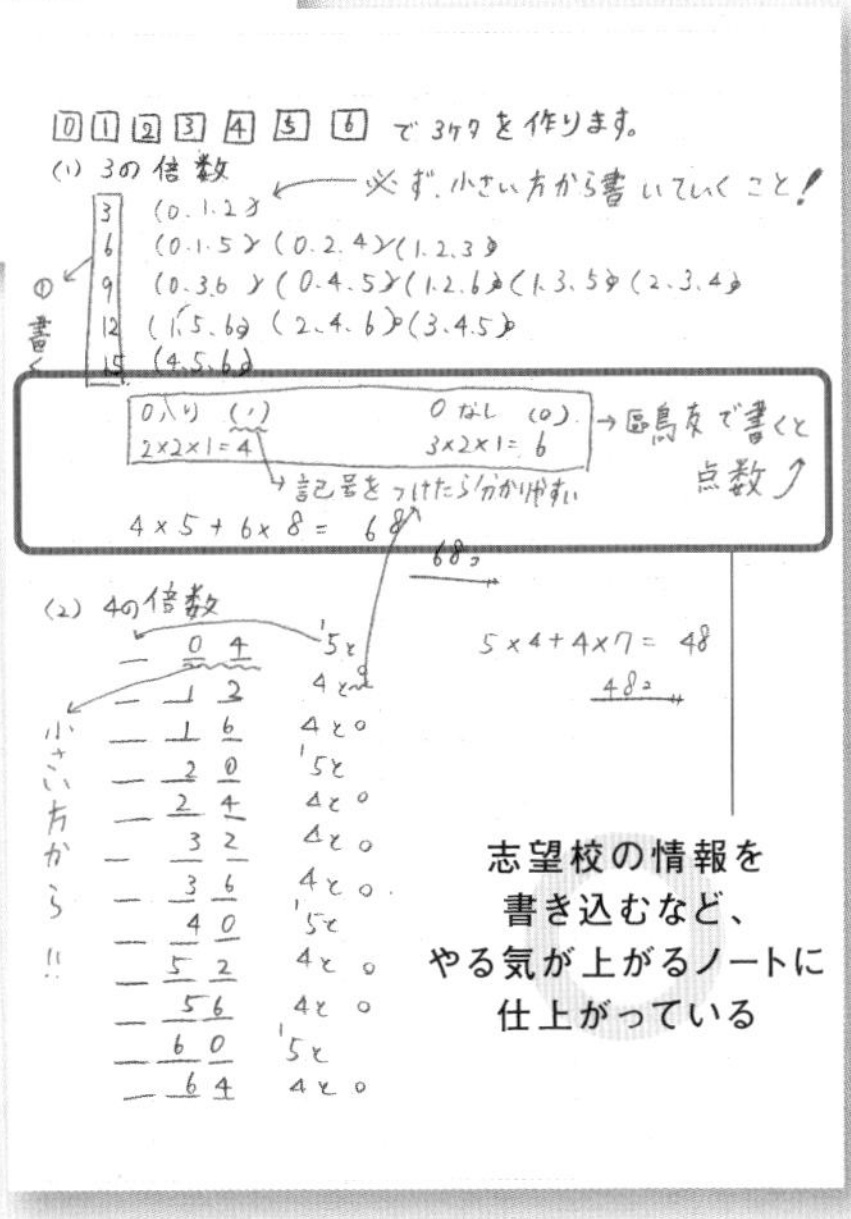

志望校の情報を
書き込むなど、
やる気が上がるノートに
仕上がっている

POINT
①授業を受けて大事だと思ったことを自分の言葉でまとめる。
②テストや過去問などで、大事だと思ったこともまとめる。

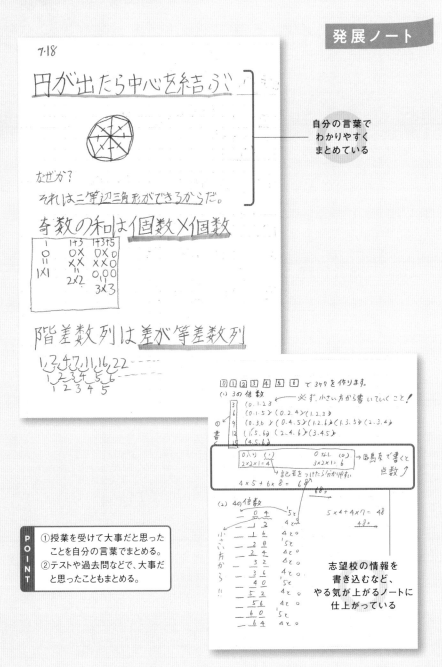

10 ノートもテストも「書き方」は同じ

「日々のノートでアウトプットの練習をすることが、テスト本番でアウトプットすることにつながる」とお伝えしてきましたが、実は、「ノートがちゃんと書けるようになれば、テストでも自動的に書けるようになる」とは限りません。

テストの解答用紙は、ノートのように線がないうえ、式や計算を書くスペースが限られています。しかも、時間がなくて焦っています。そのため、ぐちゃぐちゃになって点を落としてしまうケースが意外と多くあります。

しかし、**テストもノートで培った書き方を意識**すれば、劇的に点数が上がります。問題用紙に解くスペースがある場合は、ノートと同様、各問題の下に「左上から式、右のスペースに筆算」を書きます。計算用紙がある場合は、どの問題を解いたのかわかるように問題番号を必ず書きます。問題用紙や解答用紙にスペースがなく、計算用紙もない場合には、狭いところで無理やりやろうとせず、解答用紙などの裏を計算用紙として使うことをおすすめします。

OK

その問題を解くべきスペースに、
左上からきちんと式を書いている

式は左側に、
筆算をするときは右側に、
スペースをわけている

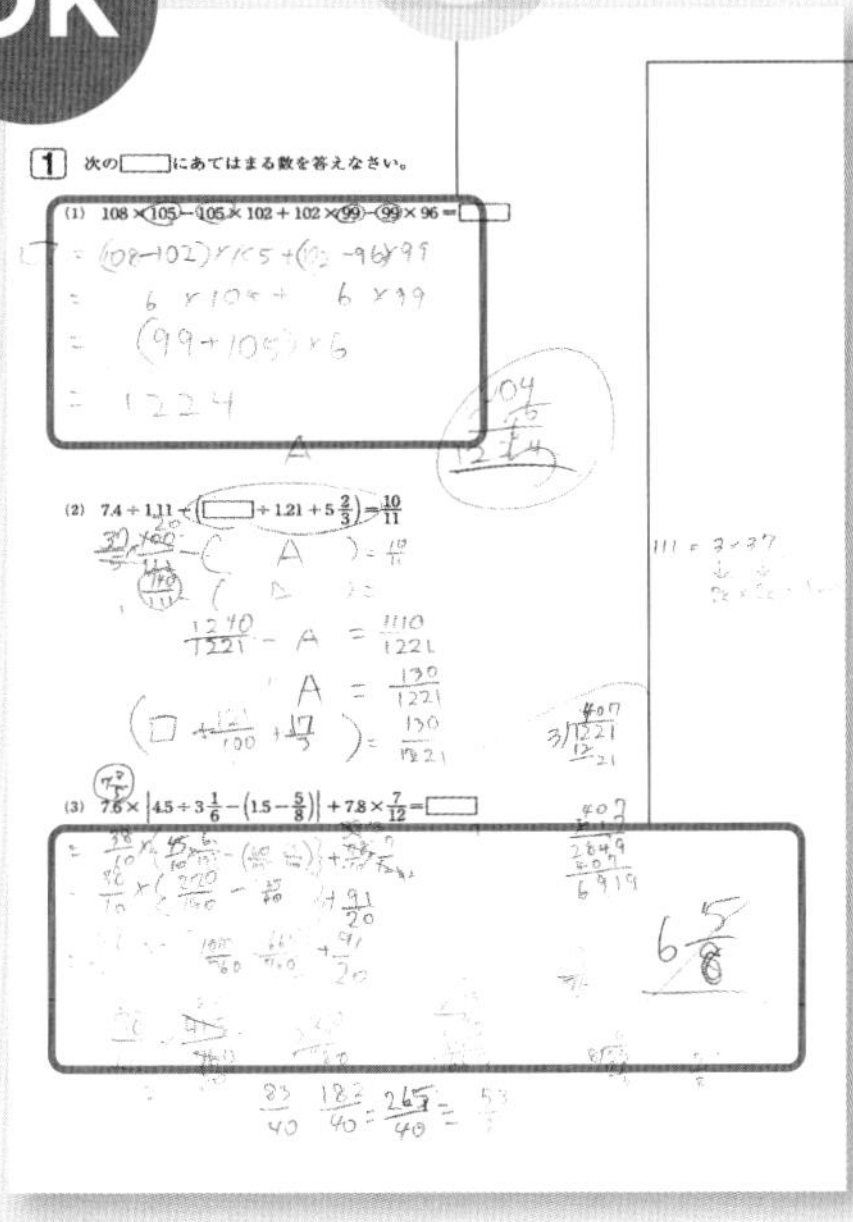

NG

左上から書き始めず、
適当なところから
計算を始めている

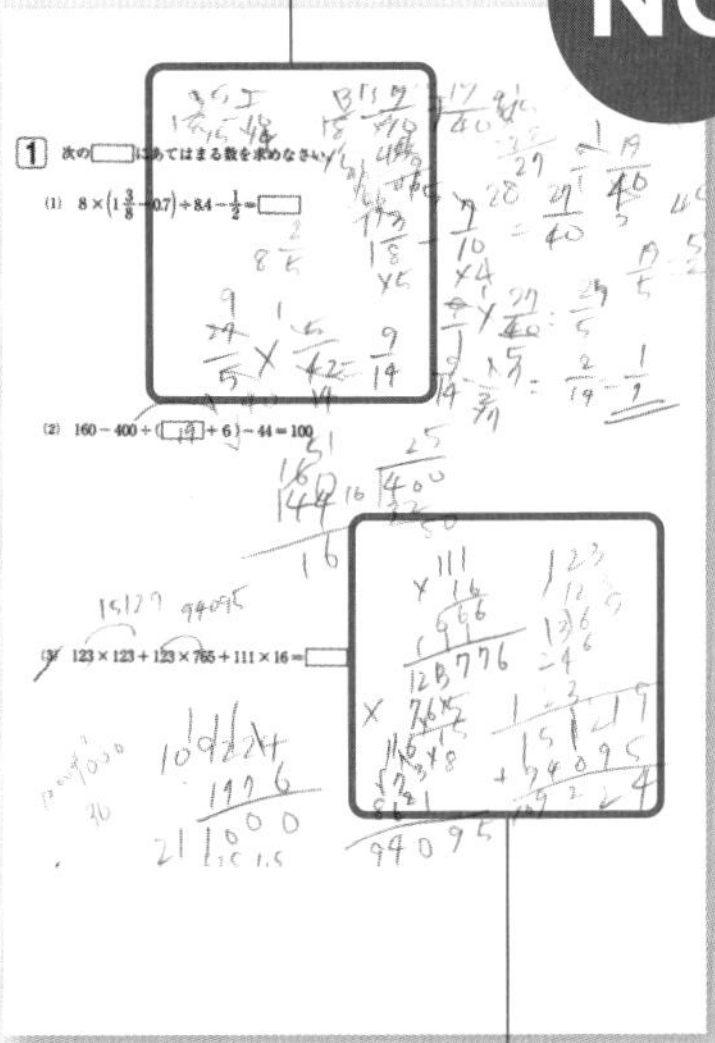

その問題を解くべき
スペースから
はみ出している

OK

左上からスペースを
無駄にせず使っている

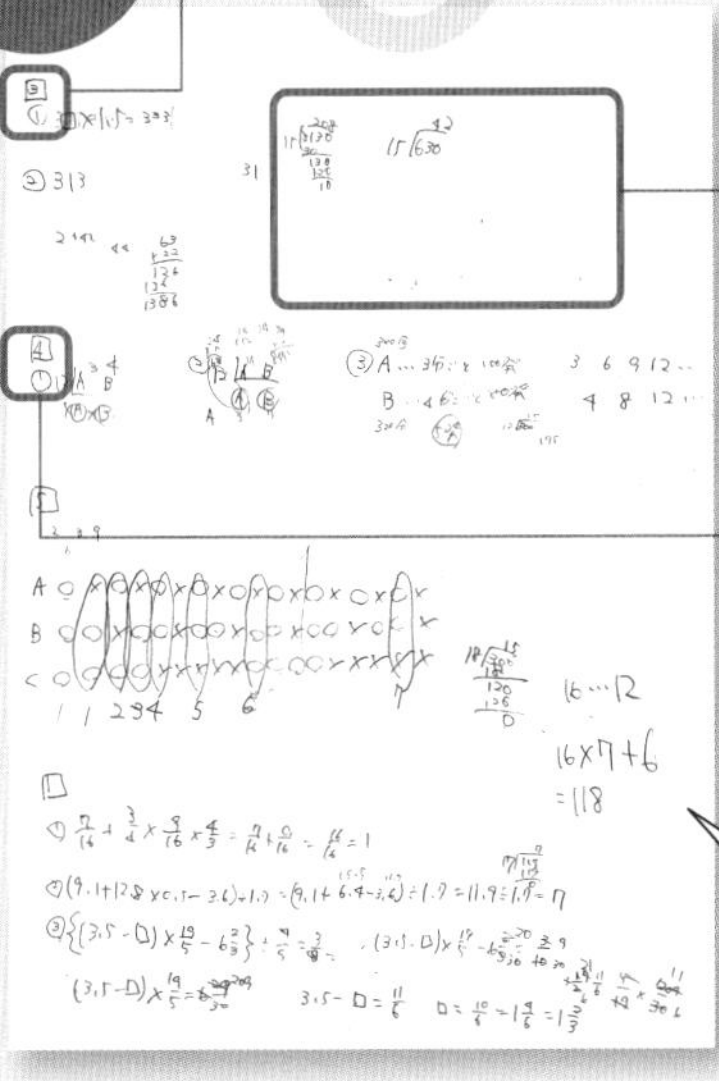

筆算は、式や解き方とは
わけて右のほうの
スペースでやっている

問題番号をちゃんと
書いてから
解き始めている

計算用紙があるときは?

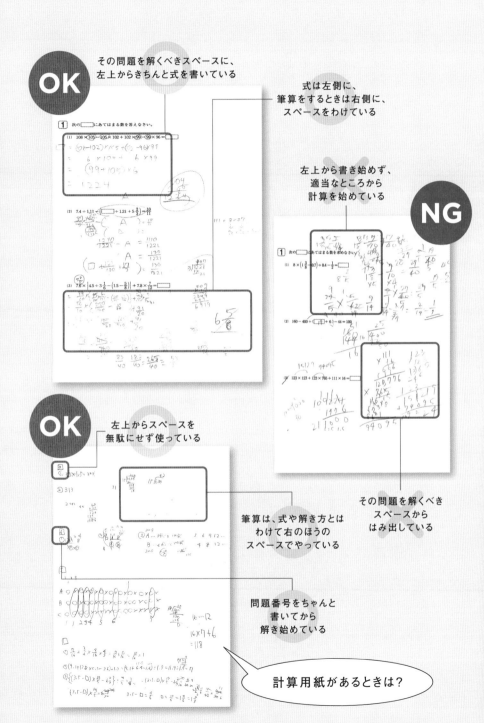

第2章のまとめ

- **「基本5か条」ができるまで徹底的に寄り添う**

まずは1〜3(P54〜56)の定着を図る。子どもが疲れていてノートが乱れるときは、完璧を目指さず大枠が押さえられていればOK。

- **余白の広さは思考の広さ**

狭いスペースでは圧倒的に間違えやすくなる。広々としたスペースで、必要なだけ図や式を書かせる。

- **勉強の質は答え合わせ次第**

勉強を効率よく進めるために必須のスキル。わからない問題に無駄な時間を費やさない。

- **はじめの一歩は計算ノート**

計算ノートを使いこなせずして、様々な分野の問題の解法をノートにアウトプットすることはできない。まずは計算ノートから。

- **「間違いノート」は分野ごとに**

ノートをわけることは、脳に引き出しを作ること。問題を解く中で「あのノートのあそこに書いてた!」となればしめたもの。

第3章

フィーリングに頼らない「国語」のノート術

［協力］
株式会社アートオブエデュケーション関西指導部長
青山麻美 先生

01 国語の苦手な子ほどノートのフル活用がおすすめ

国語は、他の3教科に比べるとノートを使う機会が少なくなります。なぜなら、問題文そのものに線を引き、対比や因果関係に注意しながら読み進めていく力が求められているからです。したがって、ノートにわざわざ何かを書き出すのではなく、テキストにいろいろ書き込んでいる子が多いことでしょう。

しかし、もしも先生が言ったことをただメモしているだけで、自分の頭を使っていないとしたら、いつまでたっても力がつきません。

本文に線を引いて文脈を読み取るのが苦手な子や、とりあえず書いて○×をつけて、答えを写して終わりになってしまう子は、むしろノートを使いましょう。

日常の演習問題は、その問題を徹底的に使い倒すことで力がつきます。漢字も慣用句も接続詞も記述も、解いて答え合わせをするにあたり、気付いたことを「演習ノート」にどんどん書き込んでいきましょう。

また、**特に読解が苦手な子は「場面分けノート」や「論理ノート」**を作ったり、文章の内容は理解できるけど**アウトプットが苦手な子は「記述ノート」**を用意したりすることも有効です。

ちなみに、国語のノートは基本的には、7㎜～8㎜の方眼ノートを縦（開いた状態で縦長）にして使います。**方眼は記述問題のときに文字数を数えやすい**からです。もちろん横（開いた状態で横長）にして右開きで使ってもＯＫです（多くの方眼ノートが左開きなので後ろから使うことになりますが）。

知識系は問題集を使うほうが効率的

語句などの知識系は、もちろんノートにまとめたほうが覚えやすいですが、時間が足りなくなる恐れが大いにあります。したがって、**基本的には、学習漫画や問題集を使って間違えたところをチェックし、繰り返し勉強したほうが効率的**です。

ただし、**知識系の中でも「心情語」は、ノートにまとめるとよい**でしょう。心情語というのは、「むなしい」「あ然とする」など心の動きを表す言葉です。子どもは心情語をあまり知らないうえ、実はかなり重要であるにもかかわらず、問題集がほとんど市販されていません。ですから、自分で作っておくと、読解力や記述力の強い味方となります。

また、漢字の勉強については、無機質で面白味がないので、とことん効率を重視する場合は、個数で区切るか時間で区切るなど、子どものテンションをキープする工夫が必要です。親御さんの中には、間違えた漢字をエクセルに打ち込んで記録しておき、再度テスト形式で書かせている方もいました。

国語

02 問題を使い倒す「演習ノート」の作り方

基本ノート

たくさん問題を解いているのに国語が苦手だという子の多くは、フィーリングで解いています。その時の気分で解いて、答え合わせも「ア」を「イ」と書き直して終わってしまう。

でも、国語はフィーリングではありません。選択問題にしろ記述問題にしろ、必ず本文に根拠があります。ですから、**日ごろから「答えの根拠を見つけ出す練習」や、自分なりの「気付き」を積み重ねていくことが非常に大切**です。

「気付き」というのは、「理由を聞かれている問題のときは、『○○から』と書かれているところを探す」や、「この言葉を知っていればこの問題は解けた」など、今後、正解していくための足掛かりとなるものです。

国語は、他の教科と違い、まったく同じ問題に当たることはありません。ですから、**問題を解くごとに解法を抽象化して、蓄積していく。それが叶うような「演習ノート」を作りましょう。**

左ページは、解いて丸つけをして終わりという典型的なＮＧ例です。目指したいＯＫノートの具体的な作り方は、Ｐ95で紹介します。

一生懸命やっていても
効果が出にくいNGノート

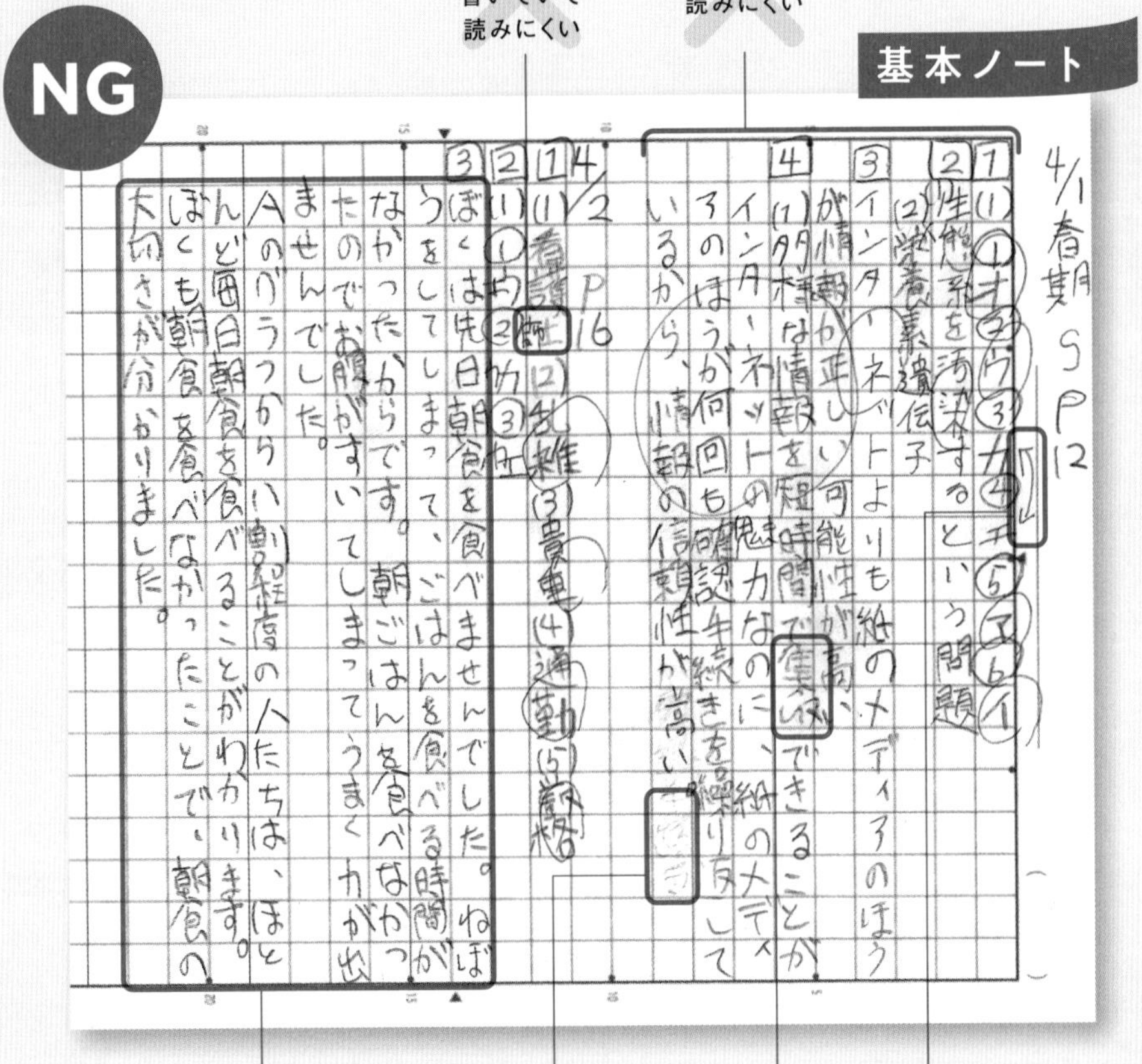
NG
基本ノート
答えを重ねて
書いていて
読みにくい
ぎゅうぎゅうで
読みにくい
丸つけをしていない
箇所がある
消しゴムで
きれいに消せていない
記号の間違いを
⇔で直している
漢字を
間違えている

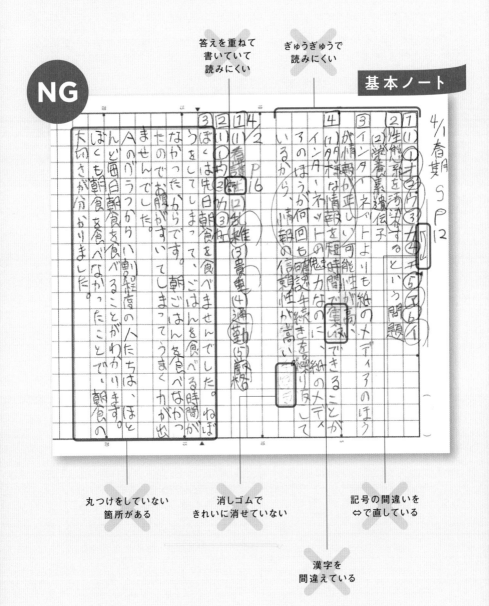

【作り方】

①方眼ノートを縦にして（開いたときに縦長になる）、見開きで使う。まず、問題番号を書くスペースをとって（2マスが使いやすい）線を引き、そこから10マスのところ（文字数を数えやすいところが◎）にも線を引く。

②日付と、どの問題を解くかがわかるテキスト情報を書く。

③問題を解き、1行ずつ空けて答えを書く（わからない問題は解説のみ読んでもう一度考える※解説がある問題集の場合）。

④赤で丸つけをして、間違った問題は正しい答えをページの下に書く。

⑤漢字の間違いは、その場で3回くらい書いて覚える。

【余裕があれば、これもやると完璧!】

⑥間違った理由を分析する（どの部分に答えのヒントがあったのかを書く）。

例：選択問題…選択肢のどの部分がおかしいのか。

記述問題…本文のどこに解答の要素があったのか。

抜き出し問題…どの範囲を探せばよかったのか＋そう考える根拠。

⑦問題文中で、わからない言葉があったら、辞書で調べてページの下に書く。

⑧間違った問題は、問題番号の上に分類を書いておく（ノートを見返したときに多く書かれている分類＝苦手分野）。

- 選択問題…選
- 抜き出し…抜
- 記述…記
- 知識…知
- 接続語…接
- 指示語…指

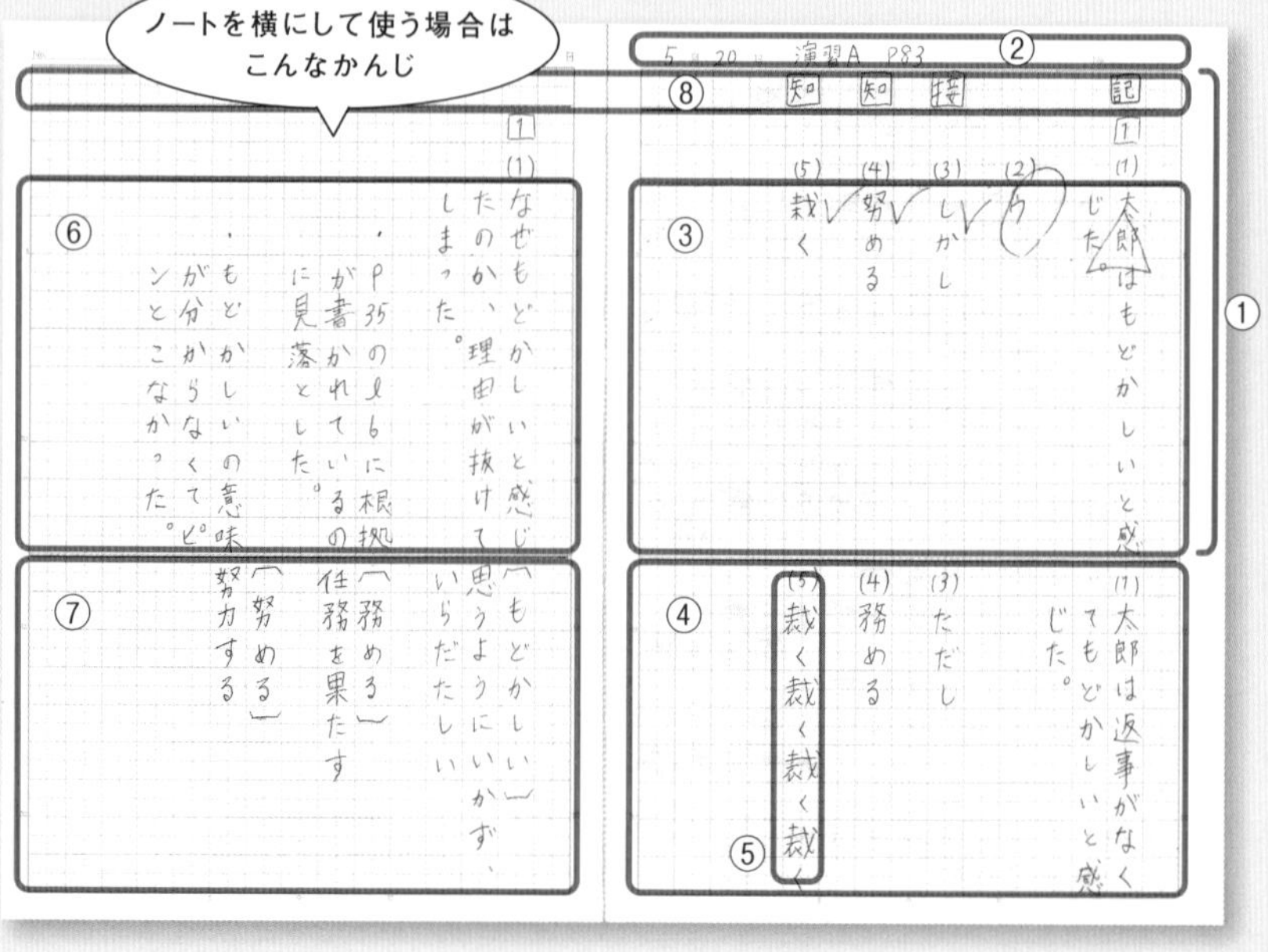

ここまで問題を使い尽くせば実力が必ずつく！

基本ノート

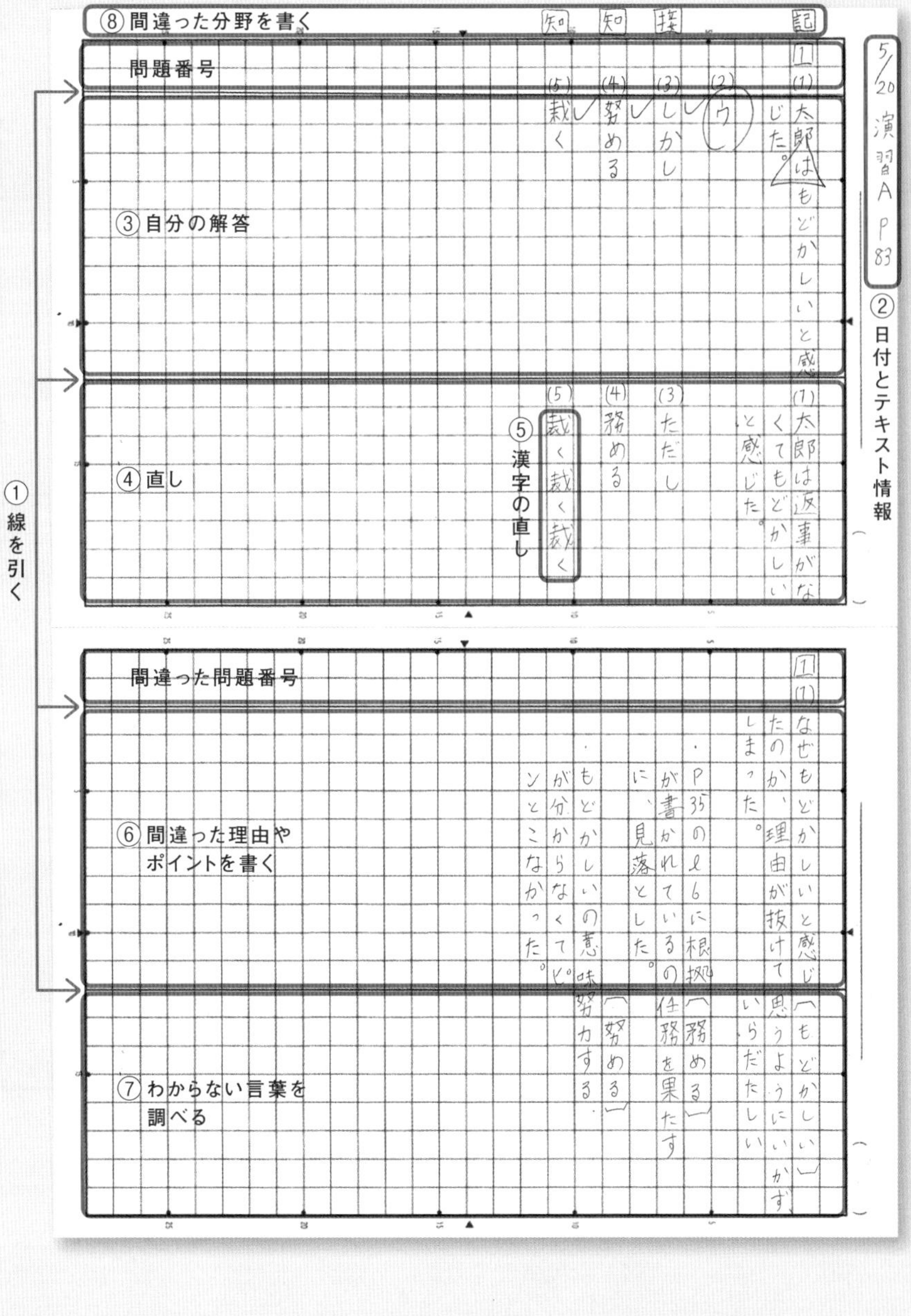

国語

03

「漢字ノート」は親子の交換日記感覚で

基本ノート

漢字の練習の仕方でポピュラーなのは、問題集に書き込んで、間違えたものだけ数回書き直す方法です。お子さんがこれで覚えられるのであれば、まったく問題ありません。

ただ、よく寄せられる悩みは「つまらないと言って漢字の練習を嫌がる」「すぐに飽きて続かない」ということです。たしかに、漢字の練習は味気ないので、嫌いな子は多いですよね。そういう場合は、**「漢字ノート」を作成して親御さんがコメントを入れてあげると、親子の交換日記のようになって楽しく取り組めます。**その際は「横棒が足りない！」などダメ出しだけで終わらせず「ママの職業だから覚えてね」「すごい、満点！」など、子どものやる気が高まるようなコメントを書いてあげてください。漢字は褒められると覚えやすくなりますし、何かと紐づけたほうが定着しやすくなります。

ノートは、4年生の場合は字のバランスをとるためにリーダー罫入りの方眼（B5・10ミリ）がおすすめです。とめ、はね、はらいに気を付けて練習しましょう。5・6年生は方眼（B5・10ミリ）のほか、字を丁寧に書ける子は大学ノート（B5・A罫）でもかまいません。

子どもが丸つけした後、親がチェック。
交換日記感覚で楽しく!

基本ノート

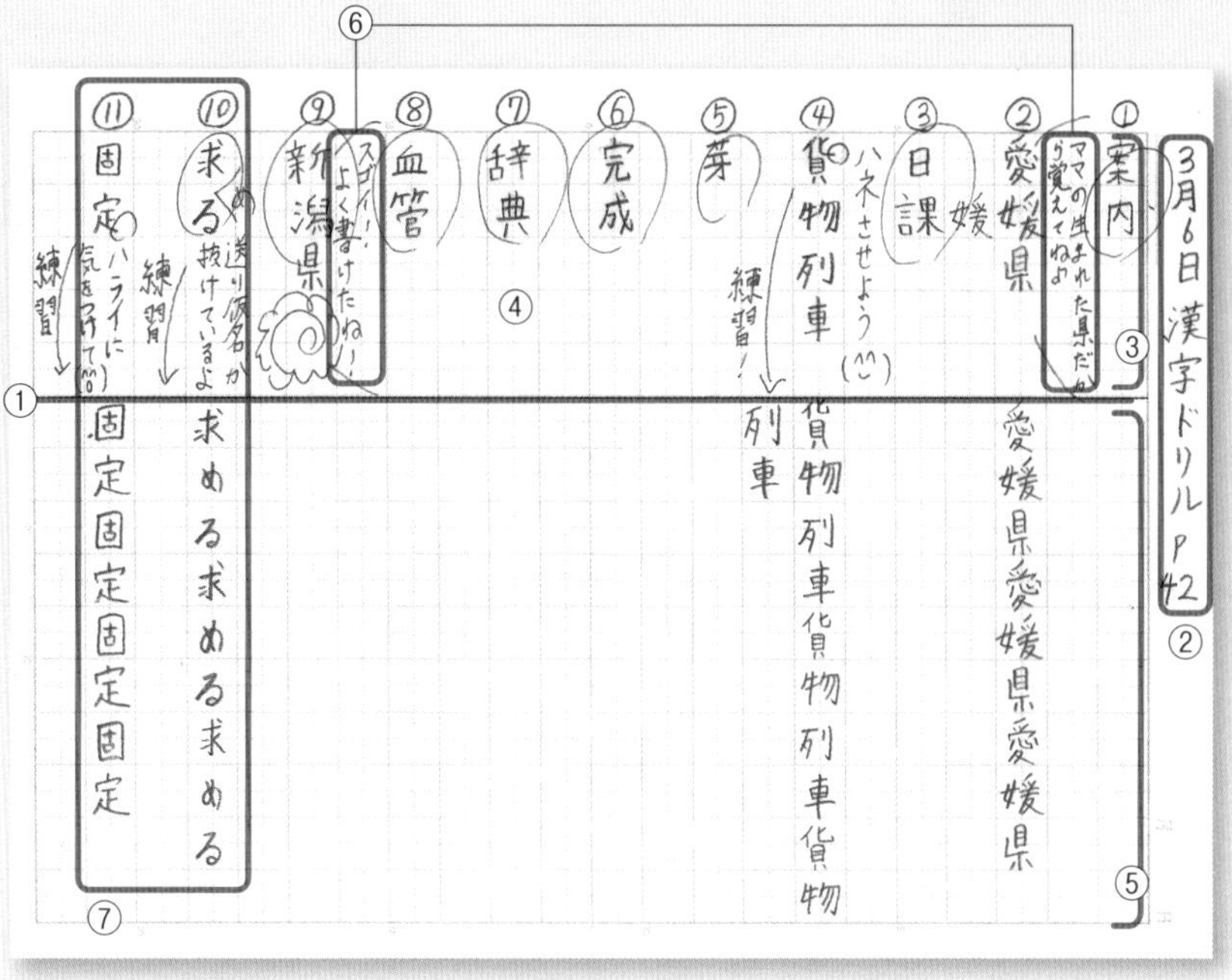

【作り方】

①ノートを縦にして(開いたときに縦長になる)1ページを使い、線を引いて区切る。
②日付、テキスト情報を書く。
③上の段に解答を書く。
④子どもが自分で丸つけをする。
⑤間違った漢字は下の段に数回書いて覚える。
⑥親が二重チェックをしながら、メッセージを書き込む。
⑦間違っているのに子どもが丸にしていたものがあれば指摘して、下の段に練習させる。

04 物語文の読解力を培う「場面わけノート」

発展ノート

読解問題はフィーリングで解くと思っている子がいますが、それは違います。**読解とは必ず論理的なつながりがある、非常にロジカルなもの**です。だから、やみくもに活字を追っているだけでは、どんなにたくさん文章を読んでも力はつきません。大切なのは、文章と文章のつながりを意識して、構造を理解するような正しい読み方をすることです。

文章は「物語文」と「説明文」に大別され、物語文は「場面」でわかれています。

そこで、**物語文を読み解くためにおすすめなのが「場面わけノート」を作る**ことです。

場面は、「いつ／どこで／だれが／どうした」という**「出来事」**で成り立っており、そのうちのどれかが切り替わると場面が変わります。それと同時に「出来事」によって生まれる**「心情」**や**「行動・様子」**にも変化が生じて話が展開していきます。

文章をさらっと読み流してしまう子は、「場面わけノート」を作って話の展開を整理すると、理解しやすくなります。

「場面わけノート」で話の展開を整理する

発展ノート

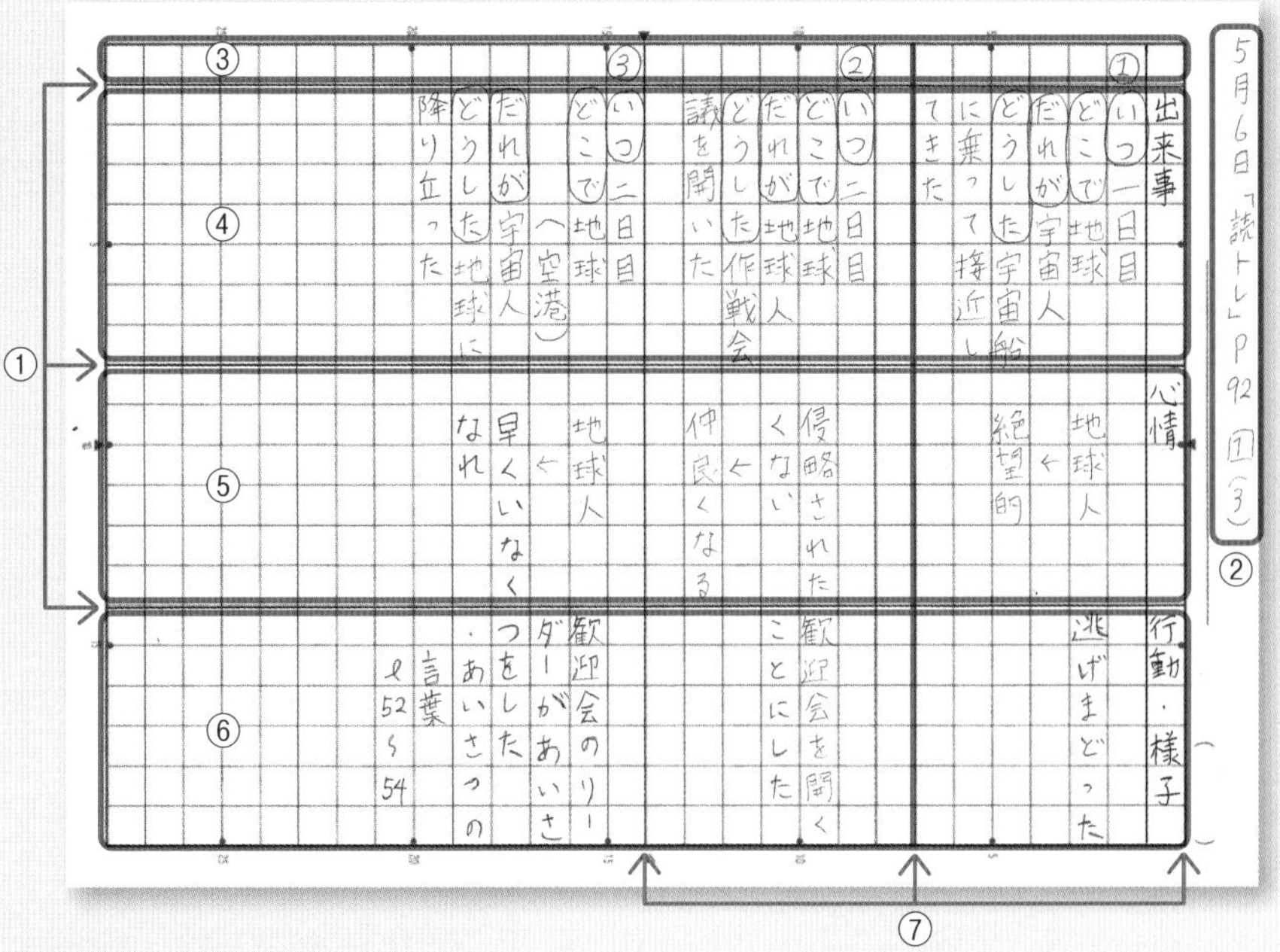

【作り方】

①方眼ノートを縦にして（開いたときに縦長になる）1ページを使い、横線を引き、4ブロックにわける（1番上は1行、残りは3等分に）。
②日付、テキスト情報を書く。
③一番上のブロックに場面わけの番号を振る。
④出来事を「いつ」「どこで」「だれが」「どうした」にわける。
⑤出来事によって芽生えた心情を書く。
⑥心情によって生じた行動・様子を書く。
⑦場面が変わったらノートに縦線を引いて区切り、「出来事」「心情」「行動・様子」を書く。これを場面ごとに繰り返す。

国語

05 説明文の読解力を培う「論理ノート」

発展ノート

説明文は、筆者に何か言いたいことが必ずあります。そのため、筆者は具体例を挙げたり、対比をしたりしながら結論に近付けていきます。その結論（テーマと主張）をつかむ力が、すなわち読解力です。

説明文の読解力を培うために有効なのは「論理ノート」を作ることです。

テーマと主張を読み取る5つの材料をノートに書き出していきましょう。

1、具体例（「例えば……」と書かれていたり、固有名詞が出てきたりすることが多い）

2、対比（今と昔、アメリカと日本など、何かと何かを比べている）

3、理由（「……から」「……ため」と書かれている部分に注目する）

4、言い換え（同じことをいろいろな言い方で表現している）

5、比喩（「まるで〜のようだ」のようにたとえの形式によるもの（直喩《ちょくゆ》）とそうでないもの（隠喩《いんゆ》）がある）

「論理ノート」で読解力の基礎を育んだ後は、問題文に線を引いたりキーワードを囲ったりして、頭の中で整理できるようにしていきましょう。

「論理ノート」で
テーマと主張をつかむ

発展ノート

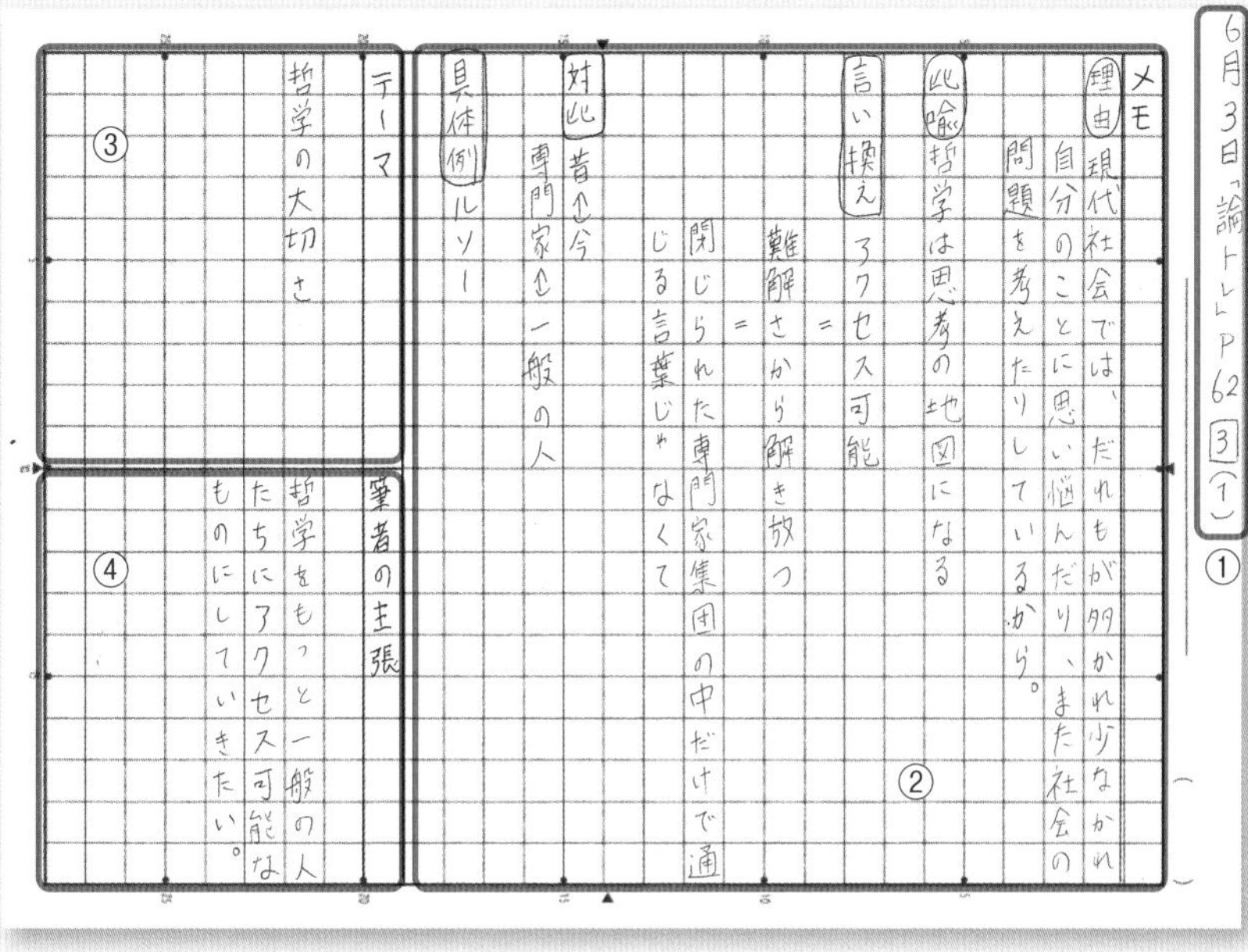
6月3日「論トレ」P62 3（1）
①
メモ
理由
現代社会では、だれもが多かれ少なかれ
自分のことに思い悩んだり、また社会の
問題を考えたりしているから。
比喩
哲学は思考の地図になる
言い換え
アクセス可能
＝難解さから解き放つ
＝閉じられた専門家集団の中だけで通
じる言葉じゃなくて
②
対比
昔⇔今
専門家⇔一般の人
具体例
ルソー
テーマ
哲学の大切さ
③
筆者の主張
哲学をもっと一般の人
たちにアクセス可能な
ものにしていきたい。
④

【作り方】

①方眼ノートを縦にして（開いたときに縦長になる）、1ページ使う。日付、テキスト情報を書く。

②説明文を読みながら5つの材料（具体例、対比、理由、言い換え、比喩）を探して、出てきた順に書いていく。

※5つないことや、具体例の中に対比があるなど入れ子構造になっていることもある。

③テーマを書く。

（書き出した材料や、本文に何度も出てくる言葉に注目する）

④筆者の主張を書く。

（書き出した材料やテーマを踏まえて見極める。文字数を数えやすいように10文字のところで線を区切っておくとよい）

国語

06

得点力を上げる「記述ノート」

発展ノート

国語の「記述問題」とは、本文中の言葉や自分の言葉を使って、文章で解答する問題を指します（「○文字で文中から抜き出しなさい」というのは「抜き出し」で、「記述」ではありません）。

記述が苦手な子は、「まったく書けない子」と、「何かしら書いてはいるけど少し間違っている子」にわかれます。

まったく書けない子が踏むべきステップは2つあります。

①読み取ったことを絵に描いてみる

②解説を読んでから〝準備〟をして、もう一度書いてみる

①は、例えばミツバチの説明文があった場合、ミツバチの体のつくりやハリの仕組みなど、文章に書かれていたことを絵で描いてみます。これは、インプットしたことをアウトプットする練習であり、やがて記述力につながっていきます。

②は、先生にヒントをもらうようなイメージです。塾の講師は、記述がまったく書けない子に対して、「10行目を読んでごらん」「理由が書かれているところはないかな？」というように声か

けを行い、答えの根拠を見つけ出せるように導いていきます。

一人で問題集を解く場合、この代わりとなるのが解説です。**解説には、問題文のポイントや読み解くための着眼点など、記述するためのヒントが書かれています。**

したがって、一人で記述問題を解く際にまったく書けない場合は、解説を読んで〝準備〟をしてからもう一度記述をしてみましょう。

〝準備〟というのは、必要なキーワードや要点を見つけ出す作業を指します。**記述は、必要なキーワードや要点をいかに「てにをは」で上手につなげるかが腕の見せ所**であり、書く前に〝準備〟をすることが非常に大切です。ただし、これはそもそも読解力がないとできません。うまく準備ができない子は「場面わけノート」や「論理ノート」も合わせて活用してください。

気付いたことを書いて、記述力を積み上げていく

「何かしら書いてはいるけど少し間違っている子」の主な原因は、書き方のルールがわかっていないことにあります。

理由を聞かれているにもかかわらず、文末に「○○から」とつけない。「どういうことですか?」と聞かれているのに「○○こと」と書かない。また、理由を2つ書きなさいと言われているのに1つしか書いていない。指定された文字数に達していないというようなこともあります。

そういう場合は、やみくもに問題を解いても力がつきません。記述問題を解くたびに、気付い

たことを書き溜めていきましょう。例えば、「理由を聞かれたときは『○○から』という書き方をする」「文字数が足りているか確認する」という具合です。

記述問題だけを練習したいときは「記述ノート」を作ろう

記述で失点が多い子、また記述問題をなんとなく解いている子は、宿題や問題集の中から、記述の問題だけを抜き出した「記述ノート」を作り、筋道立てて書いてみる練習をおすすめします。記述力は一朝一夕で身に付くものではなく、書き方をよりよく練り上げていく練習をする必要があるからです。

「記述ノート」の基本的な手順は、**「準備→記述→模範解答を書き写す→自分の記述と模範解答を見比べる→気付いたことを書く」**です。

ただし、「まったく書けない子（自分の記述が模範解答とまったく違う場合を含む）」は、準備の段階で失敗していることが多いので、解答を写さずに、まずは解説だけを読み、再度、準備と記述を自分でやってみます。

「何かしら書いてはいるけど少し間違っている子」は、自分の解答には何が足りないのか、自分の記述と模範解答を見比べることに注力してください。ささいな間違いであることが多いので、時間と労力を節約するためにも、準備や記述を改めて行う必要はありません。

点を確実にかせぐ
「記述ノート」の作り方

発展ノート

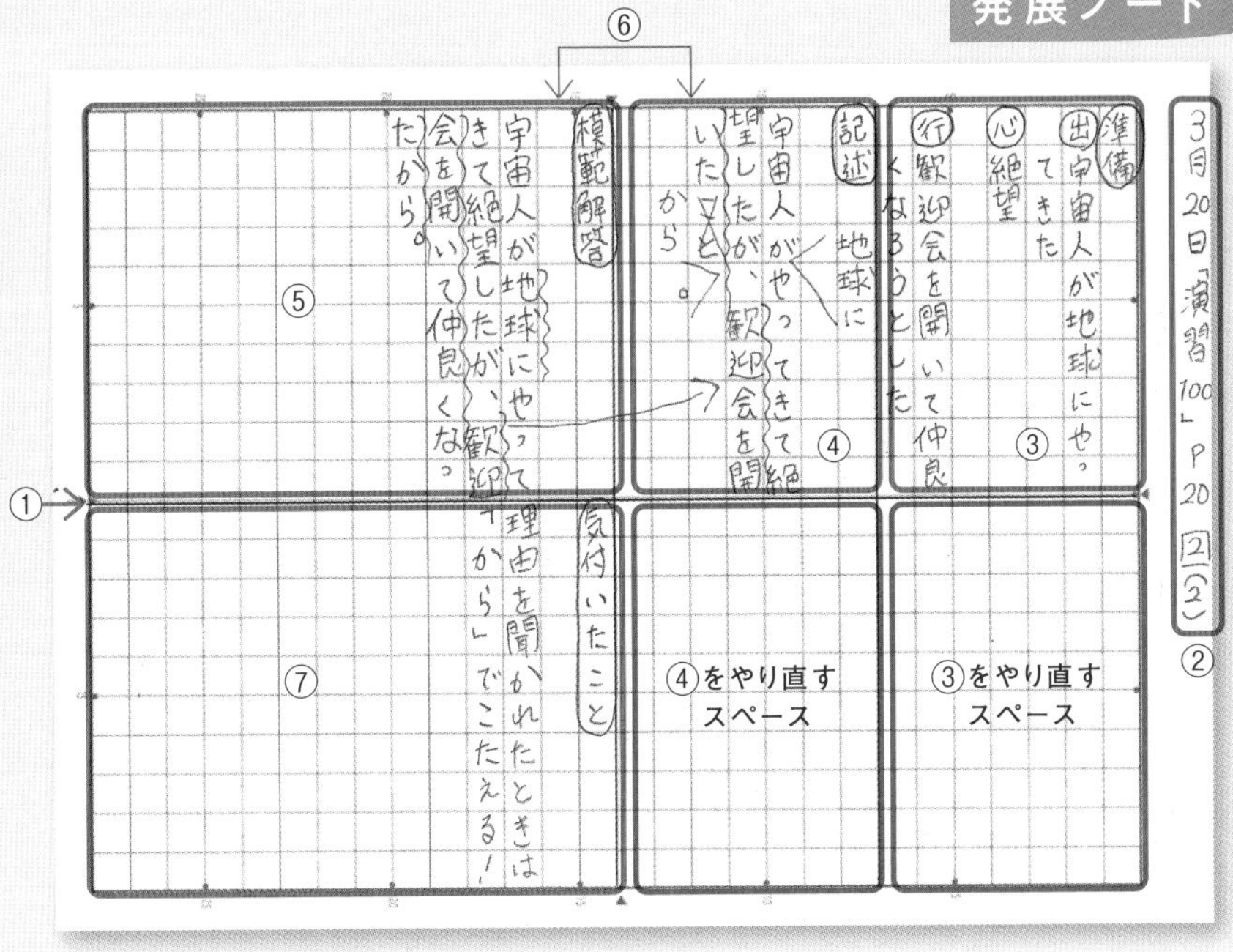

【作り方】

①ノートを縦にして（開いたときに縦長になる）、1ページ使い、横線を引く（文字数を数えやすいように10文字のところで区切るとよい）。

②日付、テキスト情報を書く。

③本文のどこを使って書くのか、手掛かりに線を引きながらキーワードや要点などを書き出して準備する（P98やP100の読解で気を付けるポイントに注意しながら書き出す）。

④記述する。

⑤模範解答を書き写す。

⑥自分の記述に必要な要素が入っているか模範解答と見比べる。

⑦この問題を通して気付いたことを書く。

まったく書けない場合や模範解答とかけ離れている場合は、解説を読んで③④をもう一度行う

国語

07

語句をまとめるなら「心情語ノート」だけでいい

発展ノート

熟語や慣用句などの知識系は、学習漫画や問題集がいろいろあるので、自分でノートにまとめるよりも問題集を使う方が効率的です。しかし、意外と抜け落ちやすいのが心の動きを表す「心情語」。「罪悪感」や「うんざり」などの心情語を子どもはあまり知らないうえ、問題集もほとんどありません。**6年生後半になると記述の際に気持ちを一言でまとめねばなりませんが、心情語を知らないと言葉をうまく変換できず困ることがあります。**そこで、時間的に余裕があれば、「心情語ノート」の作成をおすすめします。

心情語ノートには、**「覚えたい言葉／意味／自分で考えた例文」**を書きます。子どもは辞書を引くのを嫌がりますが、辞書は体系的に構成されており、算数でも必要な〝順序立てて考える練習〟になります。まずは子どもが自分で辞書を引き、もしわからないことがあれば親に聞く……という流れを構築しましょう。

ノートは、4年生には方眼（B5・10ミリ）をおすすめしています。5・6年生は大学ノート（B5・A罫）でもかまいません。

記述に役立つ「心情語ノート」

発展ノート

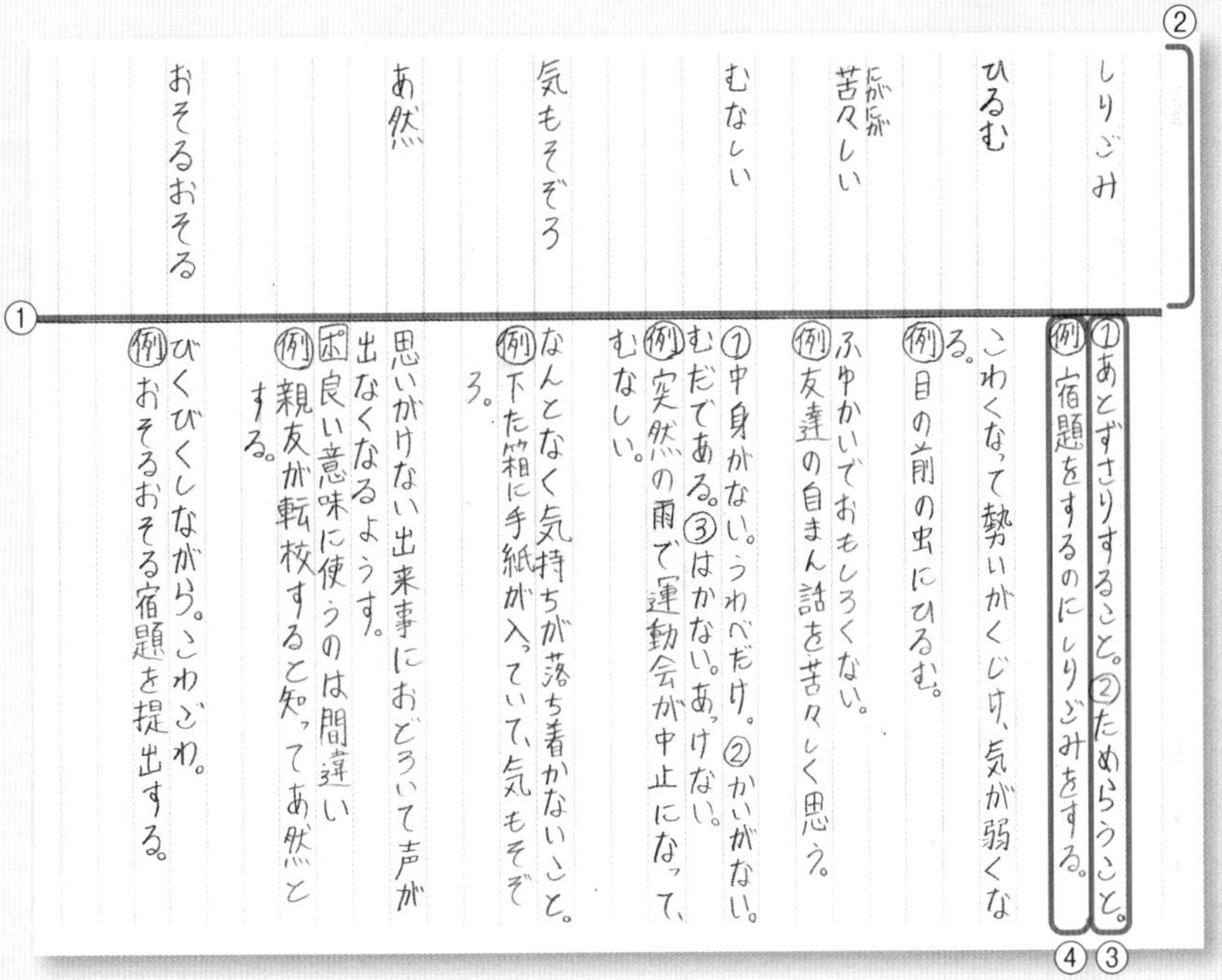

②
しりごみ
ひるむ
苦々《にがにが》しい
むなしい
気もそぞろ
あ然
おそるおそる
①
①あとずさりすること。②ためらうこと。
例宿題をするのにしりごみをする。
こわくなって勢いがくじけ、気が弱くなる。
例目の前の虫にひるむ。
ふゆかいでおもしろくない。
例友達の自まん話を苦々しく思う。
①中身がない。うわべだけ。②かいがない。むだである。③はかない。あっけない。
例突然の雨で運動会が中止になって、むなしい。
なんとなく気持ちが落ち着かないこと。
例下た箱に手紙が入っていて、気もそぞろ。
思いがけない出来事におどろいて声が出なくなるようす。
ポ良い意味に使うのは間違い
例親友が転校すると知ってあ然とする。
びくびくしながら。こわごわ。
例おそるおそる宿題を提出する。
④ ③

【作り方】

①ノートを縦にして（開いたときに縦長になる）、1ページ使い、線を引いて区切る。

②上の段に、覚えたい心情語を書く（難しい漢字には読み仮名をふる）。

③下の段に、辞書を引いて意味を書く。

④その隣に、自分で考えた例文を書く（自分の生活におとしこんで、使いこなせるようになることが大事!）。

第3章のまとめ

- **最終目標は、テキストに書き込めるようになること**

問題文そのものに線を引いたり、構造を書き込んだりして、読解できるようになることが大切。ノートは、それを助ける手段。

- **毎回、ゼロから臨まない**

同じ問題が出ないからといって、毎回ゼロから臨んでいたら一向に力がつかない。1問解くたびに、他の問題でも応用がきく解き方を「演習ノート」に書きためていく。

- **方眼ノートで、時間節約&凡ミスを防ぐ**

文字数指定の問題で、いちいち文字を数えるのは時間の無駄。方眼ノートを10文字に区切って使えば、1文字ずつ数える必要がなく、字数が足りているかも一目瞭然。

- **親は「漢字ノート」で子どもをサポート**

国語は、丸つけしにくい問題が多い。その中で、親が確実にサポートできるのが「漢字ノート」。子どもが見過ごしやすい部分にも目を配り、二重チェックを行う。ただし、ダメ出しのみはNG。

- **ノートを活用して、文章をよりよく練り上げていく**

記述力は一朝一夕で身に付くものではない。ノートに自分の答えと模範解答を書き、見比べ、美しい文体の型を知り、もう一度書いてみる。それが合格への近道。

第 4 章

情報を整理する「理科」のノート術

[協力]
中学受験専門の個別指導教室SS-1　自由が丘教室長
中島恒彦 先生

株式会社アートオブエデュケーションプロ家庭教師
山下典子 先生

01 理科はノートで記憶を呼びおこす

理科は生物・地学・物理・化学の4分野があり、非常に幅広い知識や解き方が求められます。書くことで考えをまとめたり、知識を関連付けたり、図と一緒に書いて理屈を覚えたり、計算の型を身に付けたり。とにかく「書く」ことが基盤になってくるので、ノートの書き方は非常に大切です。

ところが、理科はジャンルが広い分、勉強の仕方がわからないという子がたくさんいます。そのため、テキストの解説をそのまま書き写したり、植物や昆虫の図が出てきたら模写をしたり、どうすればいいかわからないからこそ、書くことに走ってしまうケースが見受けられます。しかし、それでは情報も作業量も多すぎます。とても終わらないし、覚えきれません。

したがって、大切なのは取捨選択をすることです。

図は、ノートに自分で書き写したほうがいいものと、わざわざ書かなくてもいいものがあります。

また、図を書き写す際も、リアルに描く必要はありません。特徴を押さえていればいいので、丸や三角などを適当に書くだけでかまいません。グラフもフリーハンドでOKです。

ノート作りが目的になってはいけない

生徒のノートを見るときに注目しているのは**「頭に残る勉強をしているか」**ということです。ノートをきれいにまとめている子は、それはそれでよいことではあるのですが、ノートを作ること自体が目的になっていることがよくあります。書いて満足して、終わっているのです。

いっぽう、**「この子はどんどん伸びるな」と感じるのは、要点をまとめて書いている子**です。大事だと思ったことを教科書通りに書き写すのではなく、自分の言葉で簡潔にまとめていたり、次は正解できるような解き直しの仕方をしていたりします。

ノートは、ただ書いているだけでは頭に残りません。大切なのは、**未来の自分に一言メッセージを残すことです。**そのノートを後から見たときに、記憶が芋づる式に呼び起こされるようなノートこそが、目指すべきノートなのです。

その具体的な作り方や、情報の取捨選択の仕方、図を書き写すときのポイント、さらに、知識を定着させるための「まとめノート」の作り方など、これを踏まえてノートを作れば、必ず力がつくノートの書き方を本章で詳しく説明します。

理科

02 次は正解できる「演習ノート」の作り方

基本ノート

「演習ノート」の目的は、できなかったところをできるようにすることです。○×をつけて、答えを書いて終わりにしてしまう子が多くいますが、それでは頭に残りません。大切なのは、次は正解できるようにするための情報をどんどん書き込んでいくことです。

それは、未来の自分に対するメッセージです。**その当時の自分の考え方や、足りなかったことを書き込んで軌跡を残し、未来に生かしましょう。**

したがって、日々の宿題や問題集を解く場合は、「答え合わせの仕方」と「復習の仕方」が大切になってきます。それぞれのやり方を紹介します（P114〜115も参照）。

【答え合わせの仕方】

①問題を「演習ノート」に解く
②解答を見て、合っているものには○をつける
③間違っているものは、隣に赤ペンで答えを書く（×をつけるのが嫌いな子は、斜線を引いたり、訂正

を書いたりするだけでもOK）

④答え合わせが終わったら、その場で気付いたことや大事だと思ったことを鉛筆で余白に書き込む

ちなみに、**生物・地学分野は解き直しはせずに情報を書き込むだけでもよいですが、物理・化学分野の計算問題は〝体で覚える〟必要があるので、自力で式を書いて解き直しをしたほうがよい**でしょう。

【復習の仕方】

①記憶が薄れてくる1週間後や、塾の月例テストの前などにノートを開く

②間違った問題と、自分が書き込んだ情報を見返す（時間がかかるので問題は改めて解き直さなくてよい。メッセージを読むことで記憶を呼び起こし、頭に刻み込んでいくイメージ）

③新たに気付いたことがあれば余白に書き込む

使用するノートは、基本的には本人が使いやすいものでかまいません。ただ、物理や化学ではグラフを書くことがあるので、慣れるまでは方眼ノート（B5・8ミリ）がよいでしょう。

方眼ノートだと少し子どもっぽくてイヤだという場合は、大学ノート（B5・A罫）でもかまいません。

次も不正解になる「演習ノート」

NG

基本ノート

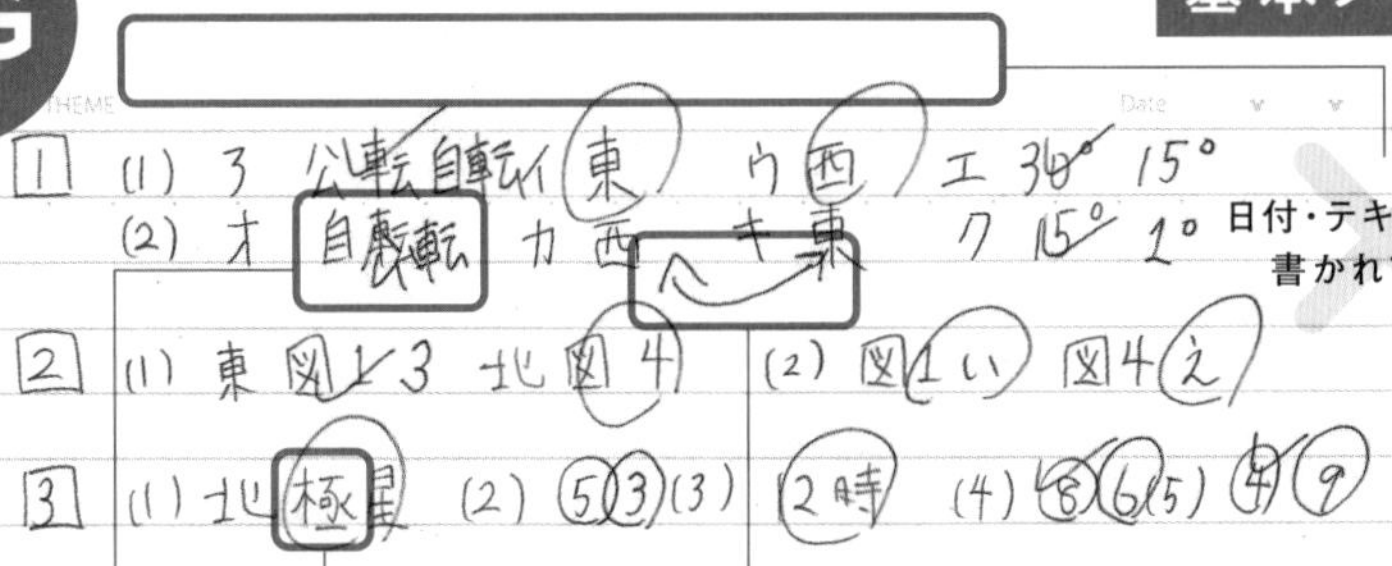

日付・テキスト情報が
書かれていない

答えを上から
書いていて
見づらい

正解を両矢印で
入れ替えている
（これでは覚えられない）

「極」の漢字を間違えて
いるのに気付かず
丸にしている

答えを横に並べて
書いているので
ぎゅうぎゅう詰めで
見にくい

答え合わせをしただけで
終わっている

注意!
漢字の間違いは子どもが丸つけをしていても気付かないことが多いもの。漢字は親がチェックしてあげましょう。入試の漢字指定は多くはありませんが、出る場合もあります。また、小学校で習った漢字を使わないと減点になる学校も（特に関西に多い）。

【理科で多い漢字の間違い】

×食物連鎖	◎食物連鎖
×幼芽	◎幼芽
×葉力体	◎葉緑体
×水臓	◎すい臓
×東高西低 西低東高	◎西高東低

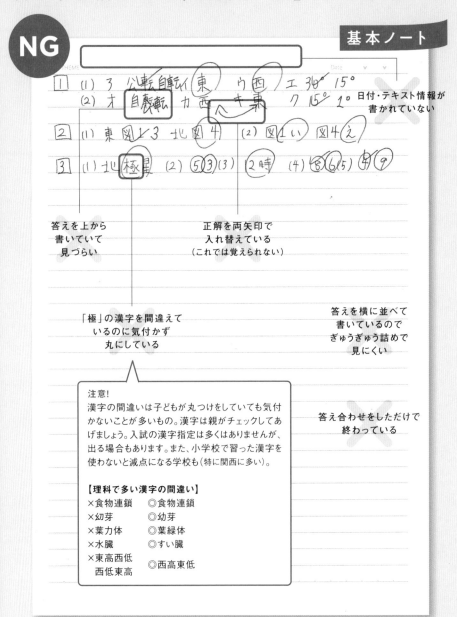

次は正解できる「演習ノート」

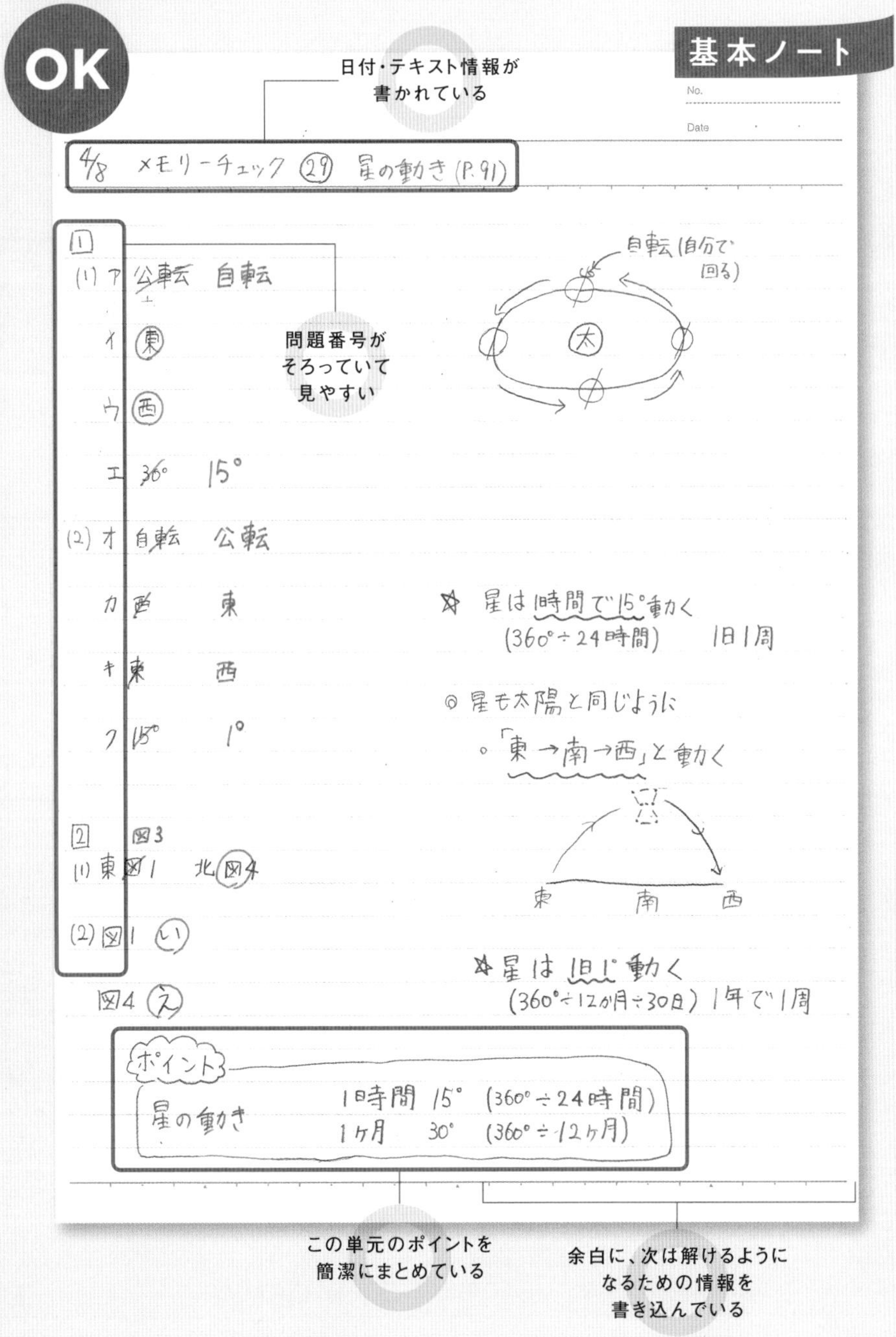
OK
基本ノート
No.
Date
日付・テキスト情報が
書かれている
4/8 メモリーチェック ㉙ 星の動き（P.91）
問題番号が
そろっていて
見やすい
1
(1) ア 公転 自転
イ 東
ウ 西
エ 360° 15°
(2) オ 自転 公転
カ 西 東
キ 東 西
ク 15° 1°
2 図3
(1) 東 図1 北 図4
(2) 図1 い
図4 え
自転（自分で回る）
太
☆ 星は1時間で15°動く
（360°÷24時間） 1日1周
◎ 星も太陽と同じように
○「東→南→西」と動く
東 南 西
☆ 星は1日1°動く
（360°÷12か月÷30日） 1年で1周
ポイント
星の動き 1時間 15° （360°÷24時間）
1ヶ月 30° （360°÷12ヶ月）
この単元のポイントを
簡潔にまとめている
余白に、次は解けるように
なるための情報を
書き込んでいる

03 情報を整理し覚えやすくする「まとめノート」

発展ノート

「演習ノート」は、できなかったところをできるようにするためのノートですが、そもそも問題を解けるようになるためには、情報を整理して、頭の中に入りやすくするノートも必要です。

もちろん、授業を聞いただけで覚えられる子には必要ありません。しかし、**先生が言ったことを覚えやすくするためには、自分の言葉に置き換えてまとめていく作業が非常に有効です。**したがって、時間に余裕があるのであれば、4年生のうちから「まとめノート」を作るとよいでしょう。

「まとめノート」には、授業で大事だと思ったことや、宿題や問題集を解いたときに覚えておきたいと思ったことなどをどんどん書いていきます。

演習ノートに書く内容と重複することもあるかもしれませんが、**「まとめノートで覚える」**→**「演習ノートで確認する」**という2段構えで知識を盤石にしていきましょう。

できれば、生物・地学・物理・化学でわけるとベターです。ノートを4冊用意するか、ルーズリーフを使って分類しましょう。

大事なことを自分の言葉で書く「まとめノート」

発展ノート

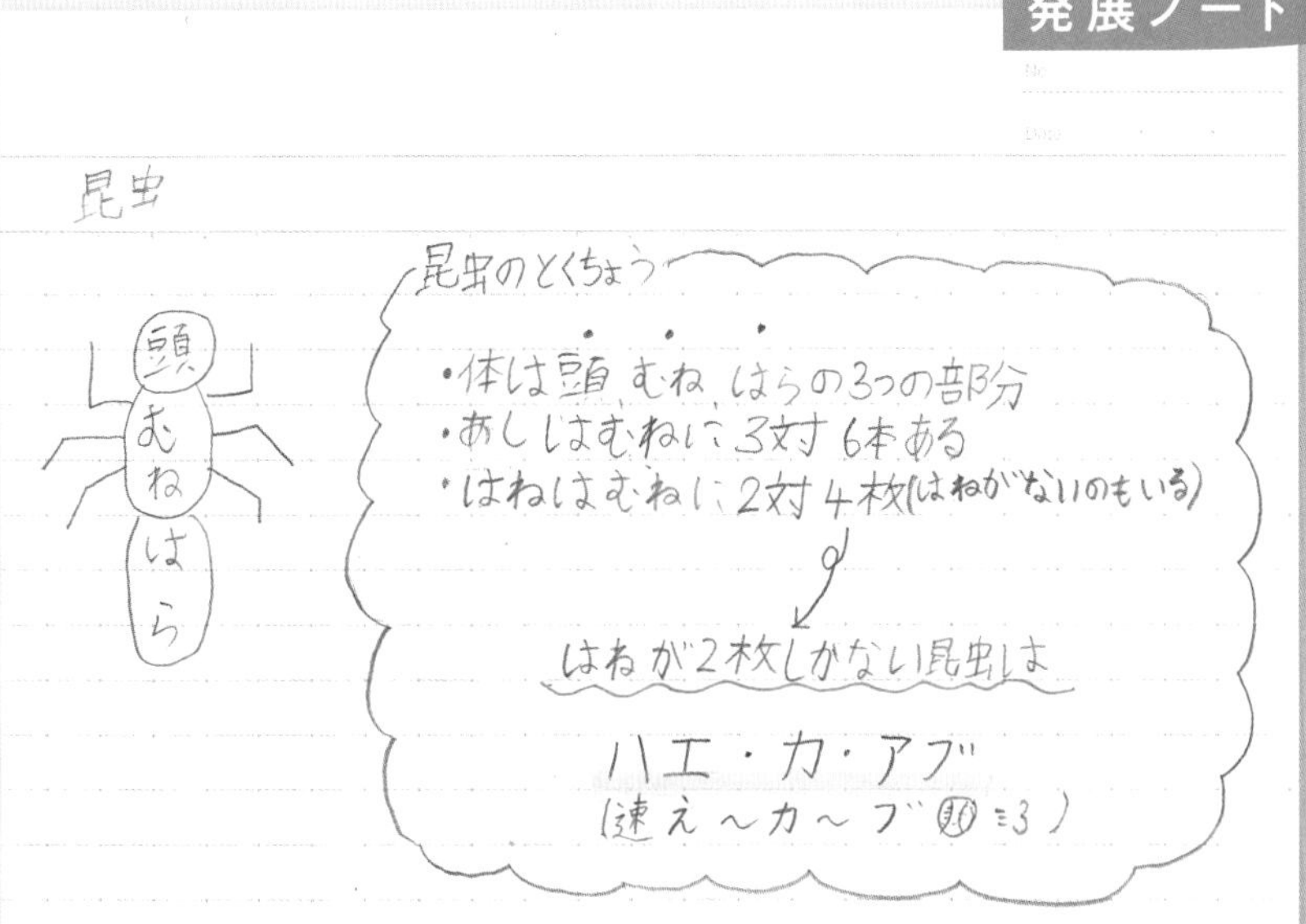

昆虫
頭
むね
はら
昆虫のとくちょう
・体は頭,むね,はらの3つの部分
・あしはむねに3対6本ある
・はねはむねに2対4枚(はねがないのもいる)
はねが2枚しかない昆虫は
ハエ・カ・アブ

【作り方】

①塾で習ったことの中で、大事だと思ったことを自分の言葉に置き換えてワンフレーズで3つ書く。図も一緒に書くとさらによい。

②宿題や問題集を解いたときに、覚えておきたいことが出てきたら書き込んでいく。

POINT

・知識問題は表にするか、語呂合わせで覚える。
・色ペンは使いすぎない(色を多用するとポイントがわかりにくくなるため、1ページ3か所以内が目安)。
・塾でもらったプリントで、集約して覚えたいものはノートに貼る。

04

【生物・地学】リアルすぎる図を目指さない

図を書き写す際に注意してほしいのが、写実的な「リアルさは不要」だということです。テキストに載っている図の中には、非常に鮮明に描かれているものがあります。中には小腸や大腸の質感まで描かれていることがありますが、そんなことまで覚える必要はありません。四角や丸で臓器を書き、お互いの関係性と、どんな働きをするのかがまとまっていればＯＫです。

要は、**図を書き写す際にも、情報を取捨選択する必要があること**です。絵画のような図ではなく、特徴を捉えて、大事なことを選別して書くことで情報を整理していくのです。そうすると、頭の中に覚えるべき知識が収まって記憶しやすくなります。簡略化の目安がわからない子は塾の先生が板書するぐらいのレベルを目指すといいでしょう。

とはいえ、簡略化を目的にはしないようにしましょう。情報をそぎ落とすことにとらわれると、理屈を理解しないまま、ただ絵を書いて終わってしまうこともあります。例えば「月の動きと原理」は、月の動き、太陽の光の当たり方によって、地球からどんな形に見えるかを**理解しながら書くことが大切**です。

図はポイントを しぼってラフに書く!

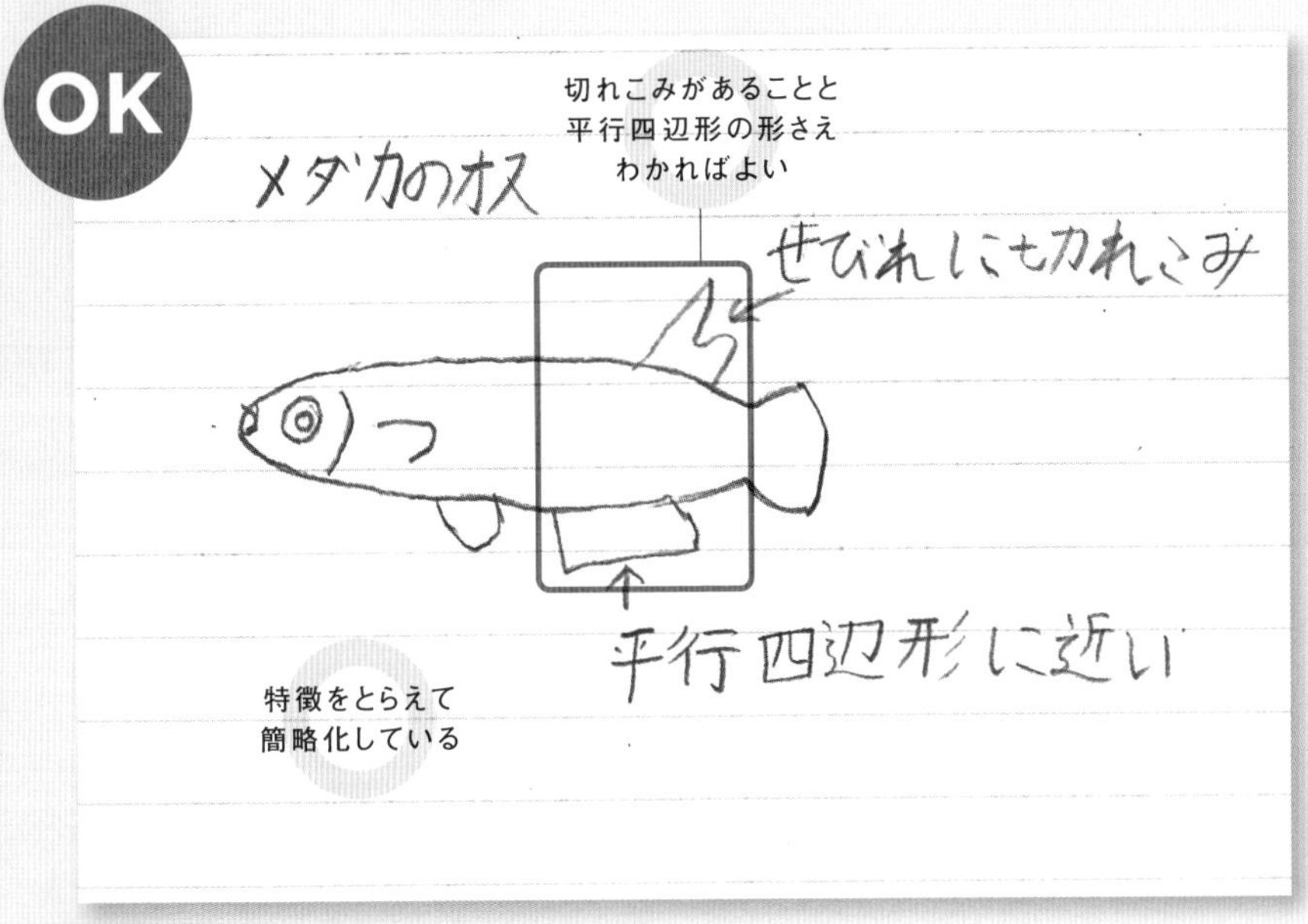
OK
メダカのオス
切れこみがあることと
平行四辺形の形さえ
わかればよい
せびれにも切れこみ
平行四辺形に近い
特徴をとらえて
簡略化している

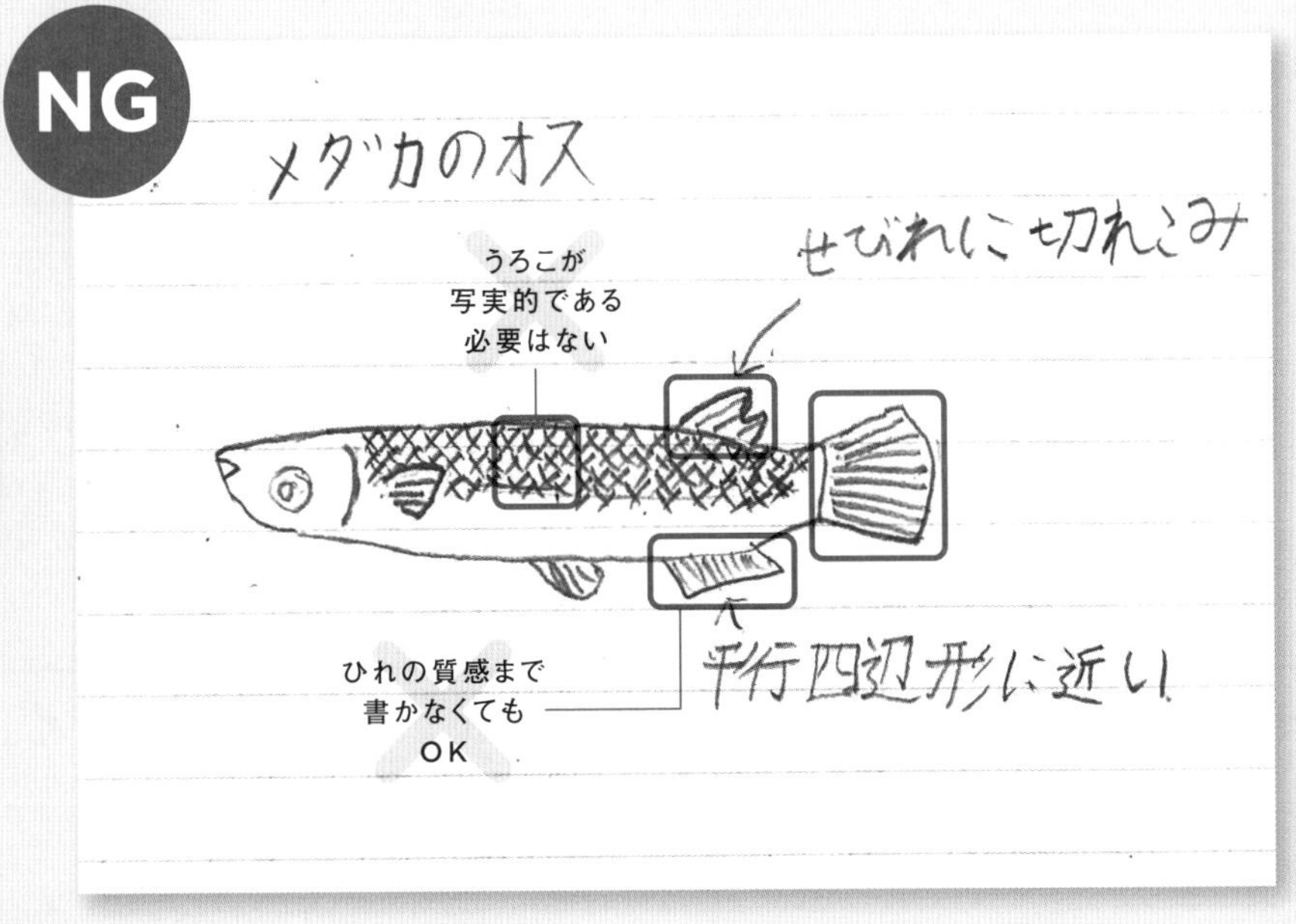
NG
メダカのオス
うろこが
写実的である
必要はない
せびれに切れこみ
平行四辺形に近い
ひれの質感まで
書かなくても
OK

05

【物理・化学】作図やグラフはポイントを押さえフリーハンドで

物理や化学の分野では、作図をしたりグラフを書いたりすることがあります。その際に、定規を使って丁寧に書く子がいますが、フリーハンドでかまいません。**むしろ、フリーハンドで時間をかけずにざっくり書けるようになりましょう。**

もちろん、数字を求めさせるような問題では、定規を使って線をまっすぐ引くほうが正確に答えを出しやすいです。しかし、これも生物・地学分野同様、情報を取捨選択しながら、特徴や理屈を整理して書くということが大事です。

例えば、「光の性質」の単元にあるピンホールカメラの場合。押さえるべき作図のポイントは相似の三角形の利用です。物体を前後に動かしたときに、穴に入る光の線が作る三角形の相似が変わることで、スクリーンに映る像も大きくなったり小さくなったりするということが表現できていれば、定規を使って書く必要はありません。

グラフを書く際も、**グラフが通る点を意識する、計算が伴うものはグラフの近くに式を書く、が守れていれば大丈夫**です。

作図やグラフに定規は使わない!

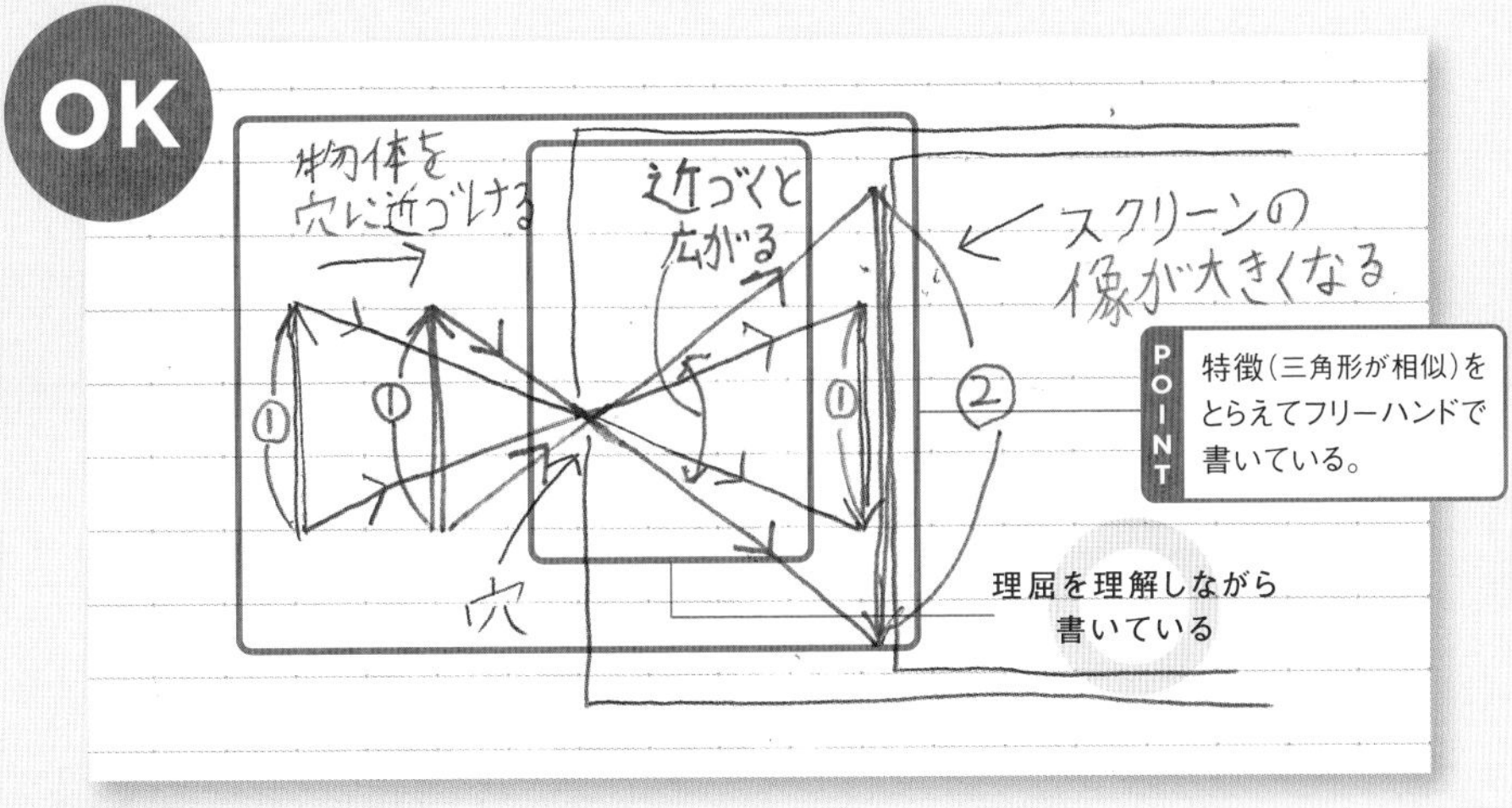

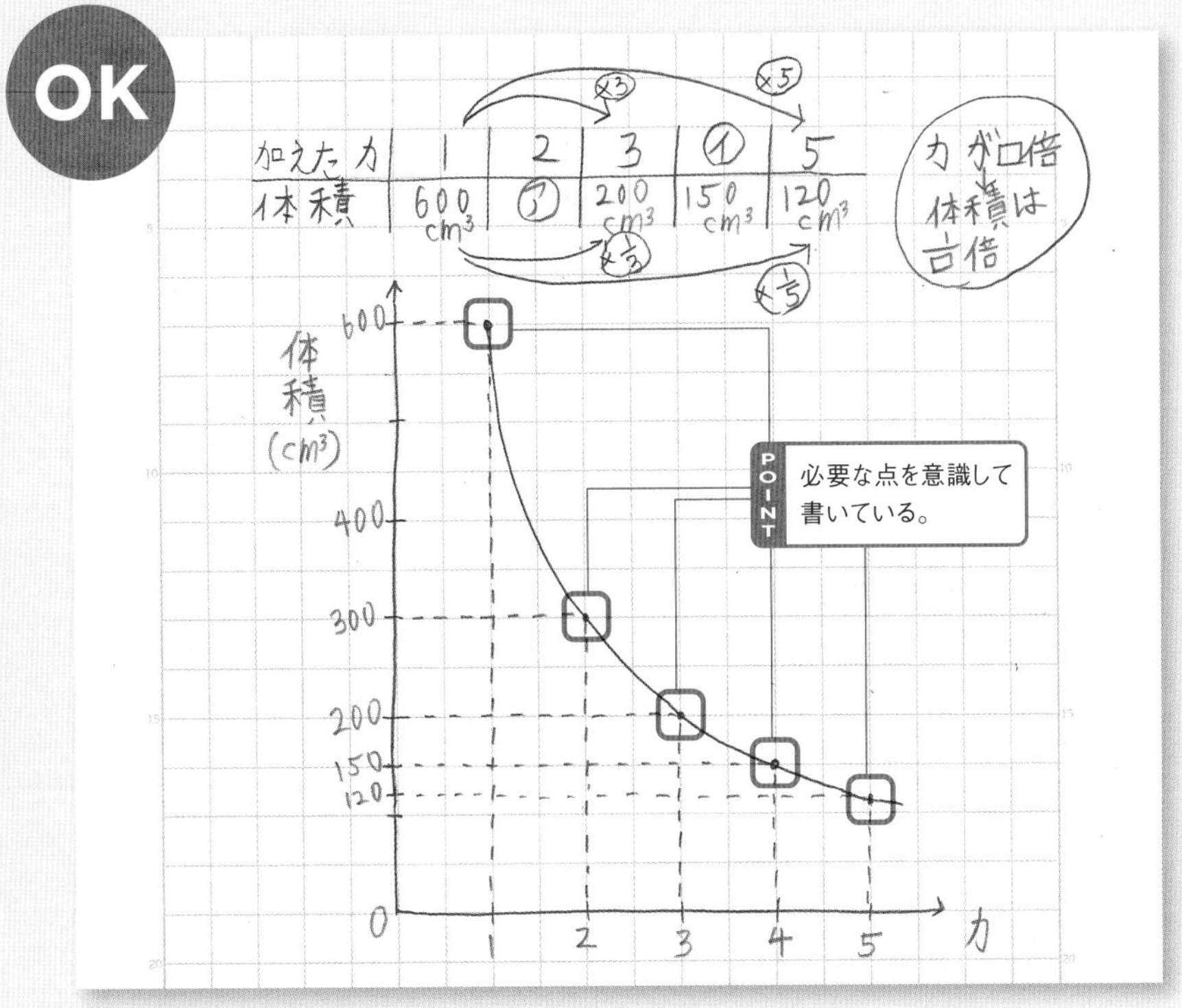

理科

06 受験で頻出！書いて覚えたい図＆表

「まとめノート」を作るにあたり、合わせて書き込んでいきたいのが、知識系の情報整理です。左の表は、6年生が最後に知識確認をするときに必要になる単元をまとめたものです。この中には、**「この単元といえばこの図」というように、典型的な図や表をセットで覚えなくてはいけないものがいくつかあります**（黄色でマークした部分）。

例えば、人体のつくりにしても、消化と血液循環系は図を書いたほうがいいですが、呼吸器系は書かなくてもかまいません。なぜなら、問題として多く出されるのは、消化か心臓の血液循環に関することだからです。呼吸器系は結局、血液が流れたときに酸素と二酸化炭素がどちらに移動するかさえ押さえておけばいいので、わざわざ時間をかけて図を書く必要はありません。受験で問われる傾向を踏まえて、時間対効果を上げるためには左の表に示したものを重点的に書いておくとよいでしょう。理科は非常に単元が多く、図や表がたくさん出てくるため、やる気のある子ほど、載っている図や表を全て書き写して覚えようとします。けれども、**左の表のマークした部分を「まとめノート」に書くだけでも充分効果が期待できます。**

理科の知識問題、コレは書いて覚える!

	生物分野	図表のポイント
植物	種子のつくり	つくりを図にする
	発芽のようすと発芽の条件	
	根・茎・葉のつくり	つくりを図にする
	花のつくり	アサガオ、たんぽぽなど代表的なもの
	光合成のしくみ	
	蒸散作用のしくみ	
	呼吸作用のしくみ	
	植物の冬ごし	
	森林の構成と環境	
動物	節足動物	
	メダカ	オス・メスの特徴
	水中の生物と食物連鎖	
	動物の分類	セキツイ動物を表にする
人体	消化器官系のつくり	つくりを図にする
	循環器官系のつくり	心臓の図
	呼吸器官系のつくり	
	排出・運動・感覚器官系のつくり	
	生殖器官系のつくり	

	物理分野	図表のポイント
力と運動	ばねののび	
	てこのつりあい	
	輪軸とかっ車	動かっ車と定かっ車
	力の組み合わせ	
	物質の重さと体積	
	浮力	図＋力の向きと単位
	物体の運動	振り子の図
電気	配線と豆電球の明るさ	回路図
	電流の強さ・発熱	
	磁力と電磁石	関係性を表す図＋言葉
音	音の三要素・性質	
	音の速さ	
光	光の直進・光源と光線	ピンホールカメラの図
	光の反射・鏡	鏡像
	光の屈折・とつレンズ	光の屈折の図
熱	熱の伝わり方	
	体積の変化	
	水の三態変化	水蒸気・水・氷の三角形
	熱量	

	地学分野	図表のポイント
地層と岩石	河川の働きと地形	流速と川の深さなど。扇状地、三日月湖
	地層の成因	断層、不整合等の図
	岩石の分類	特徴を表にする
太陽	太陽の動き①	公転図、天球図
	太陽の動き②	
気象	地温・気温・太陽高度	グラフのピークの特徴
	風のふく原因	海風、陸風
	季節と天気	
	湿度	
天体	季節と星座	夏・冬の大三角、北極星のまわりの星
	星の動き	北の星の動き、オリオン
	月の動きと原理①	月の満ち欠けと太陽・地球の位置
	月の動きと原理②	

	化学分野	図表のポイント
水溶液	溶解度と濃度	
	水溶液の性質	特徴を表にする
	中和反応	
気体	酸素の発生と性質	3つを表にまとめる
	二酸化炭素の発生と性質	（同上）
	水素の発生と性質	（同上）
	いろいろな気体の性質	特徴を表でまとめる
環境問題	環境問題	
燃焼	燃焼の条件・ろうそくの炎	炎の特徴を図にする
	燃焼のメカニズム	
	乾留の実験	実験の図

*「理科メモリーチェック」(みくに出版)を参考に作成

第4章のまとめ

● 情報量が多すぎると頭に残らない

ノートにまとめる情報が多いと、せっかく覚えても抜けてしまうことが多い。何を選択し、どう書くかが大事。

● 「演習ノート」は余白を多めにとっておく

問題を解いた後、大切なことを書き込むためにはスペースがいる。ページの右半分、もしくは右ページは空けておく。

● 自分の言葉でまとめる

「演習ノート」や「まとめノート」にポイントを書くときは、テキストや先生の言葉をそのまま書かない。自分の言葉に置き換えることで記憶しやすくなる。

● ノートを見返すことで知識を重ねる

ノートは、書いて終わりではない。記憶が薄れてくる1週間後やテスト前などに見返しながら覚えていく。

● 図やグラフは細かく書かない

大切なのは、特徴や理屈を理解すること。写実的な模写や、定規を使った正確なグラフを書くことにこだわるのは時間の無駄。グラフや図形はノートの方眼をうまく利用する。

第 5 章

時間対効果を重視した「社会」のノート術

［協力］
中学受験専門の個別指導教室 SS-1 副代表
馬屋原吉博先生

社会

01 社会は全分野をノートにまとめる必要はない

一般的には、社会の勉強法というと「インプット」が重視される傾向にあります。とにかく知識を覚えなくてはいけない。だからノートにまとめる。そう考えている親御さんや子どもたちが多いのではないでしょうか。

ところが、実はインプットするための「まとめノート」は、必須ではありません。費用対効果、時間対効果のコストパフォーマンスを考えると、必ずしも最上位にくる勉強法ではないのです。

なぜなら、大手塾のテキストや問題集は、すでにしっかりまとまっており、それを使うほうが圧倒的に効率がいいからです。

まとめたほうが覚えやすい分野もある

じゃあ、本当に自分では全くまとめなくていいのか？　テキストを眺めているだけで覚えられるのか？　……と不安に思う方もいるでしょう。

たしかに、**手を動かしながら、自分で情報を咀嚼《そしゃく》したほうが覚えやすい分野もいくつかあります。**

そこでこの章では、「敢えて社会でまとめノートを作るとしたら、どんなことをまとめたらいいのか」という説明をしていきます。

得点力に直結するのは「テスト直しノート」を作ること

社会におけるノートの活用法として、実は最も有効なのが「テスト直しノート」を作ることです。これは、インプットしたことをアウトプットする練習になります。

当然ながら、いくら知識があっても、入試本番で正しい答えを書けなければ点はもらえません。したがって、不正解になったとき、「何を覚えていてどう使えば正解できたのか」を考えて、それを書き留めておくことが非常に大切です。

毎日の宿題や問題集を解く演習ノートにおいてもそれは同様です。小テスト、模試、過去問などでは「テスト直しノート」を蓄積し、正しくアウトプットする練習を積む。それが、合否をわけるのです。

「テスト直しノート」を使って、直しのスキルが身に付くと、大学受験まで活用できます。もっと言えば、**間違いを正解に軌道修正していく力は、人生においても役立ちます。**これは、中学受験をした子どもたちの特典であり、大きな財産になります。

社会

02

合否をわけるのは「答え合わせ」と「直し方」

基本ノート
発展ノート

社会は、問題を間違ったとき、どう直すかが勝負の分かれ目になります。

ここでは、日常的な問題を解いていく場合の「演習ノート」の作り方と、公開テストなどで間違った問題のみを集めて作った「テスト直しノート」について説明します（P130〜も参照）。**どちらの場合も共通するポイントは、間違えた問題について「書き込むコメントの内容」にあります。**

よくいわれているのは、「なぜ間違えたのか、その理由を書く」というものですが、これはおすすめしません。なぜなら、結局「覚えていなかったから」「知らないから」というコメントになってしまうからです。それよりも**「何を知っていれば解けたのか」を書いていきます。**

選択肢の「ウソ」を見抜くために必要な情報を書く

どうすれば正解できたのかを分析することは、実は難易度の高い勉強です。

特に厄介なのが難しめの選択肢の問題。テストによっては、選択肢の中に100人中99人が知らないようなマニアックな知識が含まれていることがあります。それをいちいち覚えていたら大変ですし、メリットもほとんどありません。どこまで手をつけてよいかわからなくなったら、「ウソ」を見抜くことに集中しましょう。選択肢に含まれた「ウソ」の部分には、問題作成者の「ここは知っておいて欲しい」というメッセージが込められています。だからウソの部分に着目し、正しくはどうなのかを書き込み、覚えることを優先しましょう。

「演習ノート」では、問題を解き、答え合わせをして、間違った問題の正答を赤ペンで書きます。そして、その問題を解くには〝何を知っていれば解けたのか〟を書きます。

「テスト直しノート」は、公開テストなどで間違った問題だけを集めて作りますが、こちらも、問題をコピーして貼ったりする必要はありません。問題自体を解き直すことよりも、間違った問題を書き出して、それについて「何を知っていたら解けたのか」をメモするほうが重要だからです。つまり、**極論、書いておくべき情報は「問題番号」と「何を知っていたら解けたのか」だけでOK。**短めの記述なら正答を写しておくだけでもいいですし、漢字を間違えた問題は正しく数回書いておくだけ。書き込む際は鉛筆でかまいません。色ペンできれいにノートをまとめたくなるかもしれませんが、この「テスト直しノート」は解きながら覚えていくことも想定しています。その瞬間に覚えることを最優先しましょう。

ただし、6年生の後期、インプットがほぼ完成している段階では、カラフルにノートを作って、視覚に訴えるのもよいでしょう。それは、入試前日に見る「自分が忘れがちなことリスト」にもなるからです。

直しながら覚えていく「演習ノート」

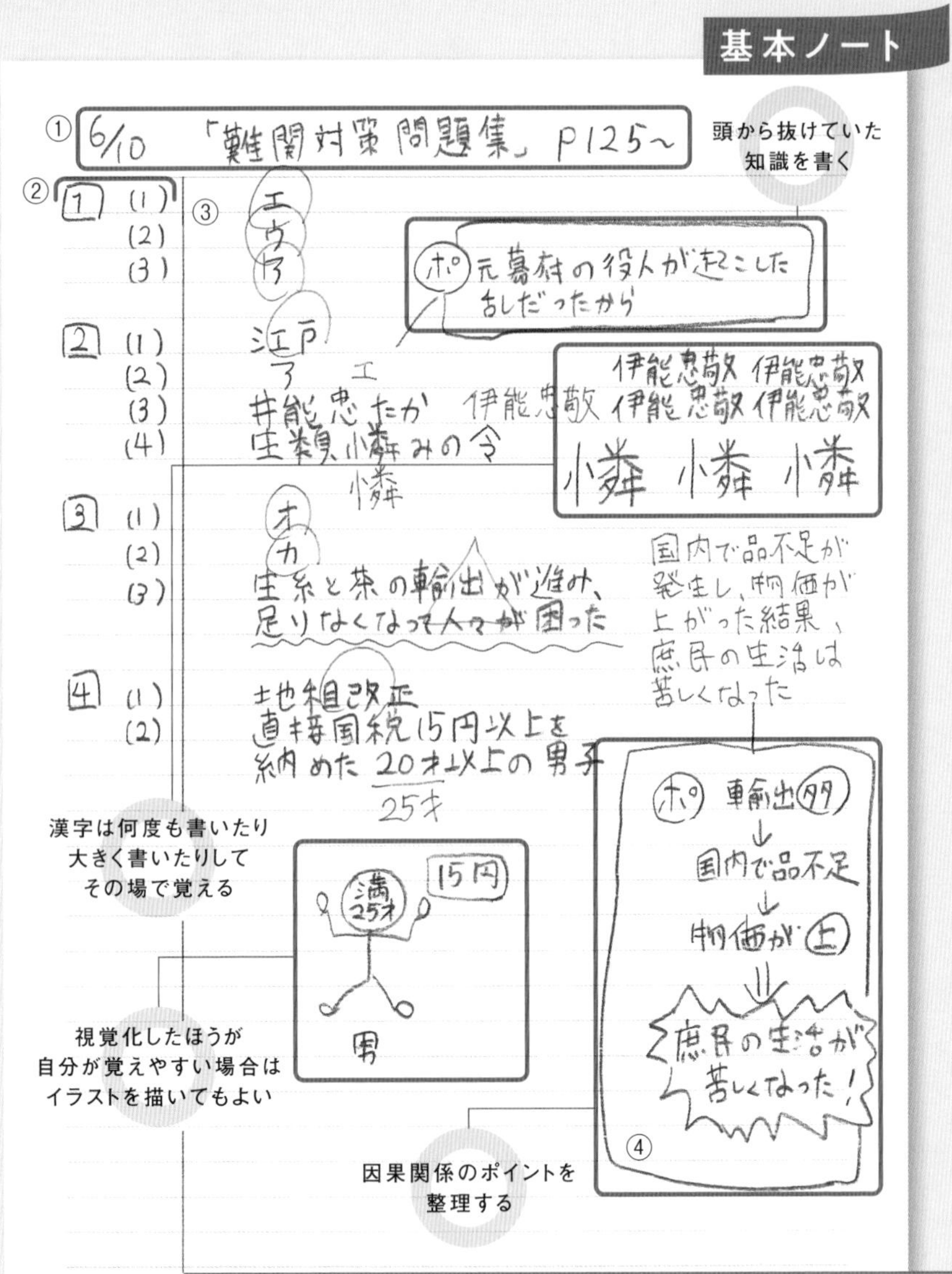
基本ノート
①
6/10 「難関対策問題集」P125~
②
③
頭から抜けていた知識を書く
ポ 元幕府の役人が起こした乱だったから
伊能忠敬 伊能忠敬
伊能忠敬 伊能忠敬
憐 憐 憐
国内で品不足が発生し、物価が上がった結果、庶民の生活は苦しくなった
漢字は何度も書いたり大きく書いたりしてその場で覚える
15円
満25才
男
ポ 輸出多
国内で品不足
物価が上
庶民の生活が苦しくなった！
④
視覚化したほうが自分が覚えやすい場合はイラストを描いてもよい
因果関係のポイントを整理する

【作り方】
①日付とテキスト情報を書く。
②左端のほうに縦線を引いて、問題番号を書く。
③順に解答を書く。1行にひとつの解答のみ。終わったら○をつける。
④間違った問題は解答を参照しながら、鉛筆で「何を知っていれば解けたのか」を書く。

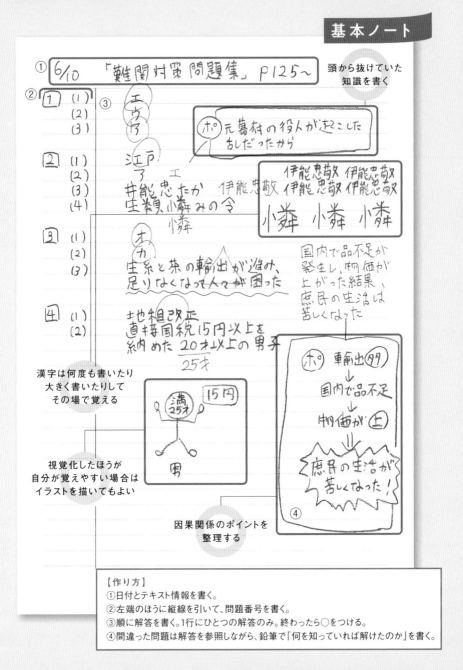

「自分が忘れがちなことリスト」にもなる「テスト直しノート」

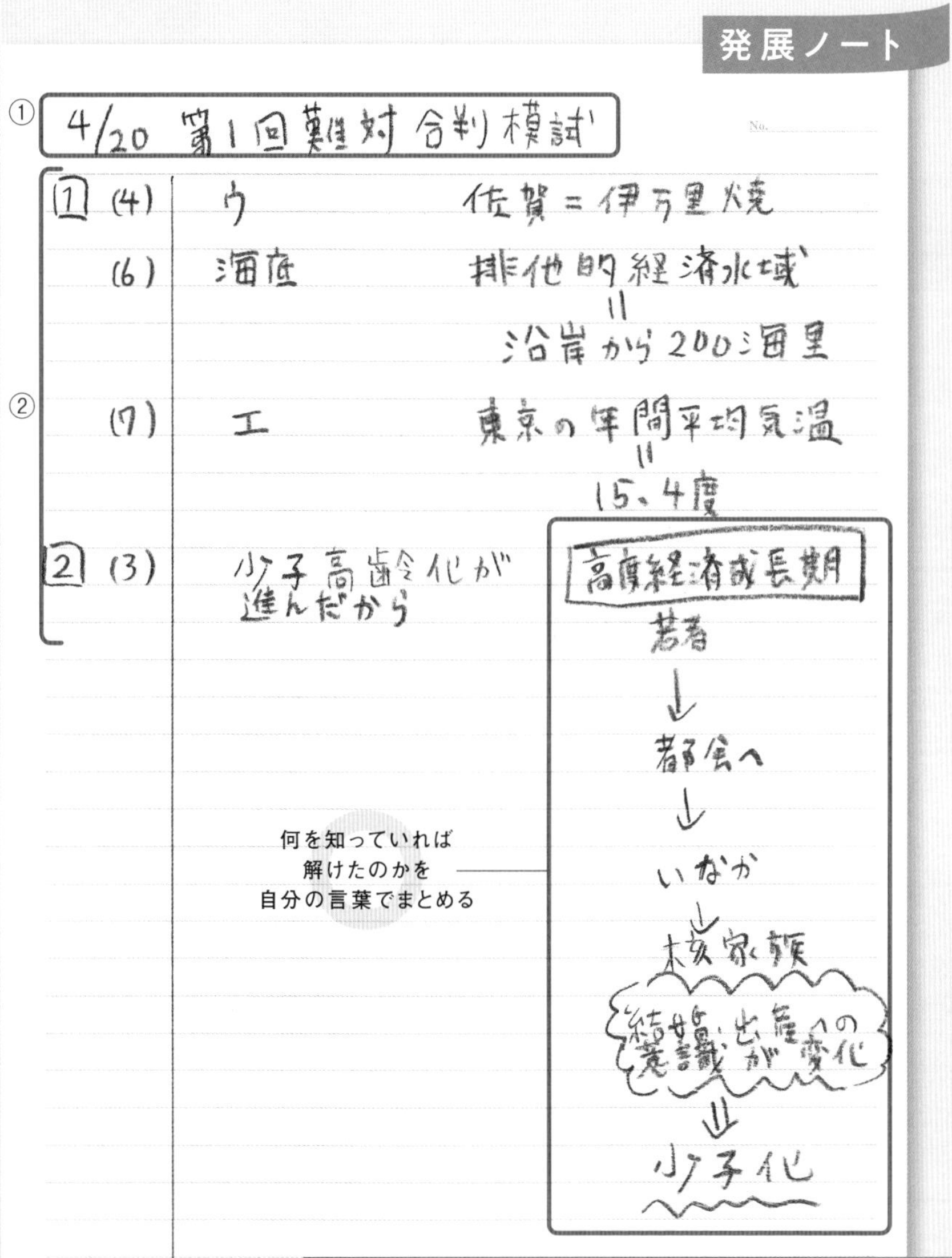
発展ノート
①
4/20 第1回難対合判模試
No.
②
1 (4) ウ 佐賀＝伊万里焼
(6) 海底 排他的経済水域
＝
沿岸から200海里
(7) エ 東京の年間平均気温
＝
15、4度
2 (3) 少子高齢化が進んだから
高度経済成長期
若者
↓
都会へ
↓
いなか
↓
核家族
結婚、出産への意識が変化
⇓
少子化
何を知っていれば解けたのかを自分の言葉でまとめる

【作り方】
①日付とテストのタイトルを入れる。
②間違った問題を抽出して正解を書く。それを覚えながら、「何を知っていれば解けたのか」の情報を書いていく。正答率がわかる模試の場合、正答率が極端に低い問題は書かなくてよい。

社会

03

最小の努力で最大の効果が出る「まとめたほうがよい単元」

社会は大きく「地理」「歴史」「公民」にわけられます。その中で、**〝自分でノートにまとめたほうが覚えやすいものと、問題演習&直しのほうが効果的なもの〟をわけて記したのが、左の表**です。〝自分でまとめたほうが覚えやすいもの〟以外はわざわざノートにまとめる必要はありません。テキストを部分的に隠してキーワードを覚えたり、問題集を解きながら覚えたりしていくほうが時間対効果は高いです。

例えば、**統計はノートでまとめる意味が薄い内容**です。農作物のランキングなどを表にまとめるのはアリかもしれませんが、統計は毎年変わっていくので、問題集にはあまり載っていません。そのため、本番が差し迫ったころに、ランキングが無機質に並んだ表が配られて、それを暗記することになります。中学生になるとこのタイプの学習が求められることも増えるので、情報をパッと渡されたときにどう取り組むかを、今のうちから教えてあげるほうが親切でもあります。

左の表の「まとめたほうが覚えやすいもの」の具体的なまとめ方は次のページから紹介していきます。

まとめたほうがよい単元は？

	自分でまとめたほうが覚えやすいもの	問題演習&直しなどのほうが効果的なもの
地理	•地名（地図上の場所とセット） 「白地図」が効果的	•統計（意味とセット） （本番が差し迫ったころに暗記） •キーワード（意味とセット） •因果関係
歴史	•時系列（できごと・人・年代） 年表で整理可 •文化史、産業史 年表で整理可	•地名 •因果関係
公民	•基本的人権の分類 •国会の種類、国会の仕事 •内閣不信任決議から解散、総選挙の流れ •選挙制度 •内閣の仕事、主な省庁 •裁判所の種類、裁判の種類 •三権分立 •地方自治（直接請求制度） •社会保障制度 •国際連合（組織・専門機関）	•憲法の穴埋め

04

【地理】自然地形→都市の順で、白地図に書き込む

発展ノート

地理はビジュアルを重視すると覚えやすいので、白地図に自分で情報を書き込みながら記憶していきましょう。書き込む情報の基本となるのは、①平野・山・川などの自然地形　②都市名です。そこに、例えば「徳島市」と書いたところから線を引いて「阿波踊り」と書くなど、一緒に覚えておきたい関連知識もどんどん書き込んでいきます。6年生になると、こういう細かい作業をしている時間はないので、早いうちから取り組みましょう。

よりインプットしやすくするためには、**書き込む順番も大切**です。まずは、**山や川などの自然地形から書いていきます。**そうすると、平野には人が集まるんだとか、山と山の間は谷になるからここに川が流れるとか、だからこの産業が発達したんだ、などの因果関係がわかってきます。このように知識を一つずつ覚えるのではなく、それぞれを紐づけて覚えていくことで、情報が芋づる式に吸収されていきます。書き込む紙は、地方（北海道、東北、関東、中部、近畿、中国・四国、九州）別に1枚ずつプリントアウトをしてください。インターネットで、「白地図」「地方別」と検索をすると出てきます。サイズは大きいほうが書きやすいので、できればA3がよいでしょう。

知識がまとまって頭に入る「白地図」の書き方

発展ノート

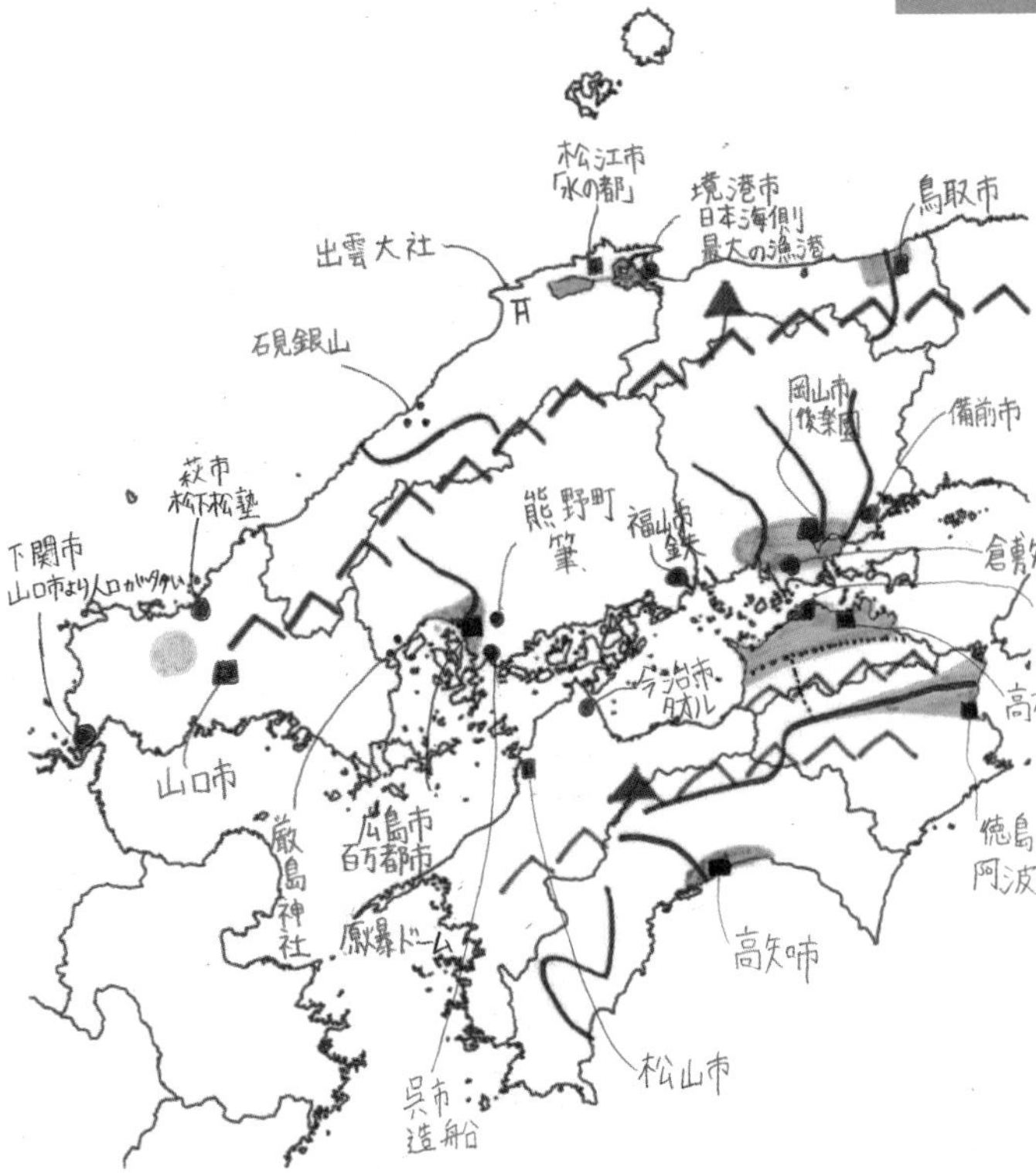

【作り方】

①地方別に白地図を用意する。都道府県境のあるものがおすすめ。

②地図帳を見ながら、山・川・平野などの自然情報を書き込んでいく。

※馬屋原先生が所属している「SS-1」のYouTubeにも詳しい書き方が紹介されています（「YouTube」「SS-1」で検索）

③都市名を書き加える。

④都市にまつわる情報を書き加えていく。

⑤いろいろ書き込んでいくとスペースが埋まって、ゴチャゴチャするがそれでOK（試行錯誤しながら作業すること自体が勉強になる）。

⑥完成したら、ノートに貼るかファイリングをしておく。

社会

05

【歴史】江戸中期までと戦後は「人」で年表を作る

発展ノート

歴史を覚えるためには、年表を自分で作る作業が非常に有効です。

なぜなら、どんなテキストでも、歴史はまずは文章で説明されるからです。文章で説明するということは、テーマごとに説明するということ。例えば江戸後期であれば、3大改革の話があって、その後、開国の話に続きます。これらはテーマごとになってはいますが、実際は時系列が重複しています。とはいえ、歴史は究極「いつですか問題」です。したがって、自分で出来事を順番通りに揃えるという作業をしておくと、流れを整理しやすくなります。

年表は、文章から起こそうとすると非常に大変なので、基本的にはテキストに載っているものを写します。時間のコストパフォーマンスを意識して、活用できるものはどんどん活用していきましょう。

また、最初から完成度が高いものを目指す必要はありません。歴史は、文化史や政治史、産業史、外交史などにわかれますが、5年生の最初のころは、これらの情報がよーいドンで、ごった煮で押し寄せます。

したがって、5年生の段階では、あまりこだわらずに全体を整理することを優先してください。6年生の場合は、例えばちょっと知識の定着が怪しい文化史だけを時代ごとにまとめるなど、状況に応じてプラスするのもアリです。

時代に応じて、まとめ方を工夫する

年表をまとめる際、実は**時代によってまとめ方をちょっと工夫すると、記憶が定着しやすくなります**。基本的には、時系列にそって出来事を並べていくのですが、そうすると、うっとうしい部分も出てきます。例えば、「1680年　5代将軍・綱吉が誕生」「1687年　綱吉が生類憐みの令を出す」「1690年　綱吉が湯島に孔子をまつる聖堂を建てる」など、主語が全部同じ人物だということが往々にして起こります。

それが顕著なのが、江戸中期までと戦後です。したがって、**これらの時代は「人」でくくって、出来事を整理していくとよい**でしょう。具体的な書き方としては、まず「人名」を書いて、その下に、必要最低限覚えたほうがいい年と出来事を書いていきます。

いっぽう、**シンプルに「年」を意識してまとめたほうがいいのが、江戸後期〜昭和**です。というのは、幕末にペリーが来たあたりからは、大政奉還や日露戦争など、出来事が矢継ぎ早に起きるので、年で整理していかないと追い付かないからです。特に明治・大正時代は年表をまとめる効果が出やすいので、時間がない子はそこに注力してみてください。

「江戸中期まで」&
「戦後」は人で整理

発展ノート

THEME　　　　Date

［飛鳥］

① 聖徳太子（厩戸王《うまやとおう》）

② 593　推古天皇の摂政、蘇我馬子
603　冠位十二階
604　憲法十七条
607　遣隋使（小野妹子）、法隆寺建立の詔
　　×遺
630　第一回遣唐使

中大兄皇子（天智天皇）

645　大化の改新、蘇我蝦夷と入鹿を倒す、中臣鎌足
646　改新の詔（公地公民・班田収授）
663　白村江の戦い（唐と新羅に敗北）→都を大津へ
672　壬申《じんしん》の乱（天智の後継ぎ争い、大海人皇子→天武天皇）
694　藤原京（持統天皇←女性・天武の皇后）
701　大宝律令（藤原不比等←鎌足の子）

［奈良］　710
710　平城京（なんと大きな……、元明天皇←女性）
723　三世一身法（口分田の不足）

聖武天皇

741　国分寺・国分尼寺
743　墾田永年私財法（荘園）
　　大仏建立の詔（東大寺・行基）

③ 723 743
なにさなしさの私財の法

【作り方】
①人名を書く。
②その人を軸に生じた重要な出来事を年表にする。覚えたい年号は赤ペン、人名は青ペンなど自分なりのルールを作ってもOK。
③覚えるためのコツや、間違えやすい注意ポイントも書き込んでいく。

「江戸中期以降」～「戦前」は年で整理

発展ノート

①　②

【幕末】

1792	ラクスマン、根室来航
1808	フェートン号事件
1825	異国船打払令
1837	モリソン号事件→1839蛮社《ばんしゃ》の獄《ごく》(高野長英・渡辺崋山)
1853	ペリー来航(浦賀)
1854	日米和親条約(下田・函館)←鎖国終了
1858	日米修好通商条約(総領事ハリス・大老井伊直弼)
1862	生麦事件(→薩英戦争)
1866	薩長同盟(坂本龍馬・木戸孝允・西郷隆盛) ↑土佐　↑長州　↑薩摩
1867	大政奉還(徳川慶喜・二条城)→王政復古の大号令

【明治】

1868	五箇条の御誓文・五榜の掲示、戊辰戦争
1869	版籍奉還　1871
1871	廃藩置県(藩とはいわない県という)
1872	学制発布、富岡製糸場、鉄道開通(新橋・横浜)
1873	地租改正、徴兵令
1874	民撰議院設立建白書(板垣退助)
1877	西南戦争(西郷隆盛)
1881	国会開設の勅諭《ちょくゆ》
1884	秩父事件
1885	内閣制度(伊藤博文)
1886	ノルマントン号事件←領事裁判権
1889	大日本帝国憲法発布(2/11・黒田清隆)
1890	第一回衆議院選挙、第一回帝国議会

(1874～1890) このあたり「自由民権運動」

【作り方】

①年が見やすいように、ページの左端に縦線を引く。

②出来事を起こった順に並べていく。

社会

06 【公民】パッケージ化すると頭に入る10のこと

発展ノート

多くの塾が公民を扱う6年生前期は、受験生としての勉強のスキルが、ある程度身に付いている段階にあります。したがって、いちいちノートにまとめるより、問題集を解きながら覚えていくほうがよいゾーンに入っています。例えば日本国憲法の穴埋めを、わざわざノートにまとめるのは効率が悪いということです。

ただし、**公民には、意味とともに丸ごと覚えたほうがよい「図」や「リスト」がいくつかあります。**それがP133の表で示した10のポイントです。例えば、「国会の8つの仕事」という言葉を見たら、それがリストとしてパッと頭に浮かぶようにしなくてはいけません。

では、どうやってそれを覚えるのか？　そのためには、覚えるべき情報をしぼりこみ、ノートに書くという作業が有効です。**公民は抽象度が高く、言葉を言葉で勉強する世界なので、読むだけではなく、自分でアウトプットをしながら頭に刻んでいくと、記憶が定着しやすくなります。**

ちなみに、地理、歴史、公民の知識量の比率は2：2：1なのですが、公民は時事問題を絡めて問題を作りやすいので、入試における存在感が意外と大きくなります。

公民は図と言葉を
パッケージ化して覚える

発展ノート

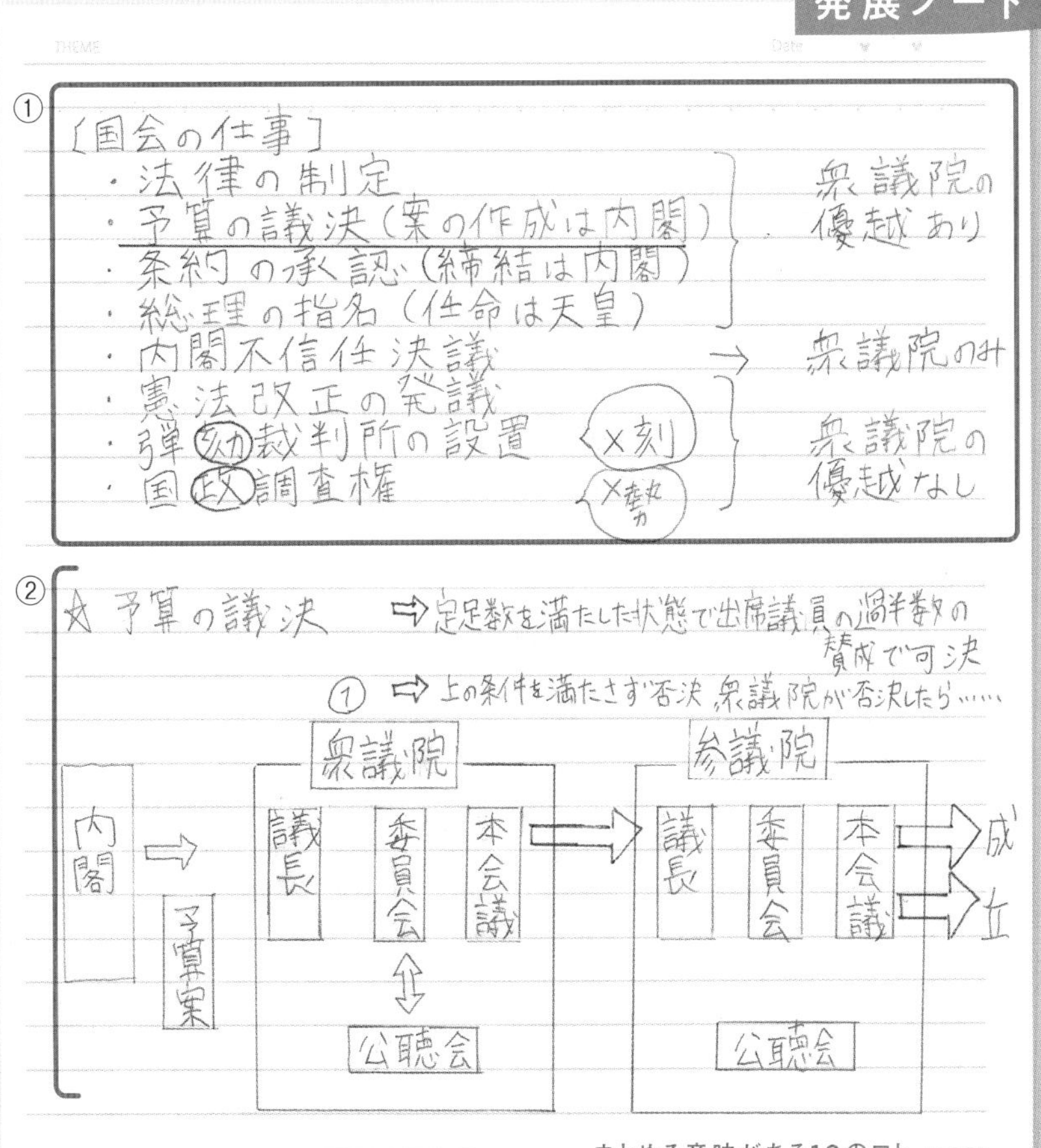

THEME
Date
①
〔国会の仕事〕
・法律の制定
・予算の議決（案の作成は内閣）
・条約の承認（締結は内閣）
・総理の指名（任命は天皇）
衆議院の優越あり
・内閣不信任決議
→ 衆議院のみ
・憲法改正の発議
・弾劾裁判所の設置
・国政調査権
×刻
×勢力
衆議院の優越なし
②
☆予算の議決
⇨定足数を満たした状態で出席議員の過半数の賛成で可決
①⇨上の条件を満たさず否決 衆議院が否決したら……
内閣
予算案
衆議院
議長
委員会
本会議
公聴会
参議院
議長
委員会
本会議
公聴会
成立

【作り方】
①テキストを見ながら、ポイントを整理する。
②図が必要なものは、図を写しながら覚える。言葉と図がパッと思い浮かぶようになるのが目標。

まとめる意味がある10のコト

- 基本的人権の分類
- 国会の種類、国会の仕事
- 内閣不信任決議から解散、総選挙の流れ
- 選挙制度
- 内閣の仕事、主な省庁
- 裁判所の種類、裁判の種類
- 三権分立
- 地方自治（直接請求制度）
- 社会保障制度
- 国際連合（組織・専門機関）

第5章のまとめ

・「まとめノート」は、時間対効果を考えて作る

大手塾のテキストは、すでにしっかりまとめられており、ゼロから自分で「まとめノート」を作る必要はない。自分の苦手分野や、この章で紹介したものだけで充分。

・「演習ノート」&「テスト直しノート」でアウトプット&インプットを同時に鍛える

入試本番で正しい答えを書けるようにするためには、間違った問題を直すことが必須。アウトプットすると同時に、補強すべき情報をノートに書き込んでインプットしていく。

・地理は社会の基本のキ

工業が苦手だと言う子は多いが、そのほとんどは都市名を覚えていないだけ。地理を理解すれば、さまざまな知識が頭に入りやすくなる。

・白地図は、まず地形から

書き込む順番に気を付けるだけで、因果関係がぐんとわかりやすくなる。社会は「理解を伴う暗記」が絶対に必要。

・年表を写して大まかな流れを理解する

文章で学んだ「出来事」を、起きた順に並べてみると、流れを理解しやすくなる。年表はテキストに載っているものを書き写せばOK。

第6章

合格力を高める「過去問ノート」の作り方

01 「過去問ノート」は志望校別ではなく教科別に作る

発展ノート

6年生の秋以降は、いよいよ過去問対策が始まります。志望校の問題の傾向を把握するために「過去問ノート」を作りましょう。

学校別に作る方も多いと思いますが、**結局、科目別に復習をすることが多いので、私は科目別をおすすめしています。**

また、「ノート」と呼んではいるものの、実際はファイルのほうが使いやすくなります。問題用紙と解答用紙を貼っていくのでノートだと凸凹しますし、解き直しを順次差し込んでいきたいので、ページをフレキシブルに使えるファイルが便利です。

サイズはA4がおすすめです。問題用紙と解答用紙は本番と同じ大きさにコピーして解きますが、ほとんどの学校がB4~A3サイズなので、半分に折ればA4に収まります。問題用紙と解き終わって答え合わせした解答用紙、解答と解説をファイルし、間違った問題をルーズリーフに解き直して解答用紙の後ろに差し込みます。

また、**これとは別に、「過去問結果ファイル」を作り、点数などの結果はこちらにファイルします。**

復習&管理がしやすい「過去問ノート」の作り方

OK

発展ノート

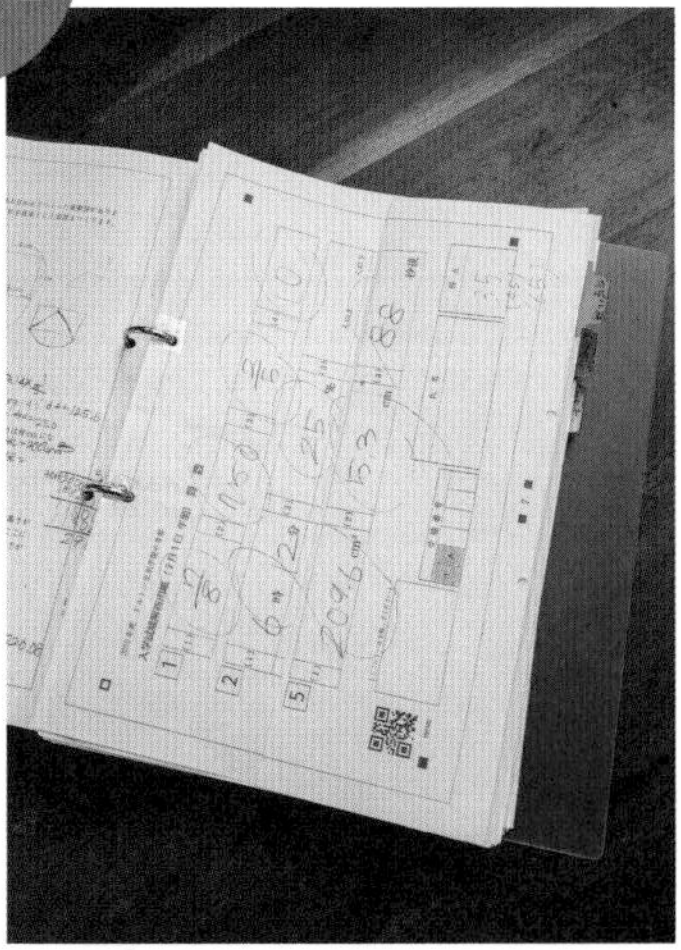

①問題用紙と解答用紙を本番と同じ大きさにコピーして問題を解き、答え合わせをしたら問題用紙と解答用紙をファイルにとじる。

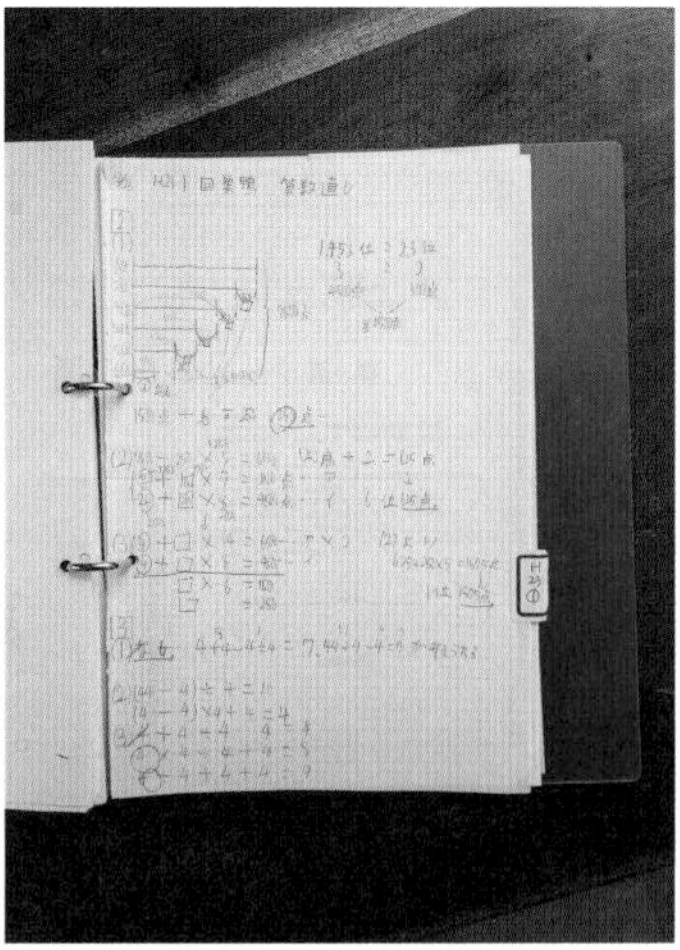

②間違えた問題はルーズリーフに解き直して、解答用紙の後ろに差し込む。

③どこの学校の問題を解いたかがわかる学校名のタグを付ける。これを教科別に4冊用意する。

POINT

【教科別：ワンポイントアドバイス】

算数：解き直しが大事！ 得点すべき問題をできるようになるまで解き、はさみこんでいく。

国語：同じ問題は出ないので解き直しは基本的に不要。模範解答と自分の答えを見比べて分析し、次に生かす。

理科：覚えておきたいことや気付いたことなどをルーズリーフに書く。

社会：間違えた問題は「どうすれば正解できたのか」を考えて情報をルーズリーフに書く。

教科別ファイルの他、各学校の総合点や各科目の得点を一覧できる「過去問　結果ファイル」も作る

学校名	世田谷学園

	国語	算数	社会	理科	4科合計	2科合計
配点	100	100	50	50	300	
目標点数	70	80	40	30	220	

2020 1次	11/29 国語	12/3 算数	12/1 社会	12/1 理科	12/3 4科合計	/ 2科合計
合格者平均点	53.9	80.3	36.4	28.2	198.7	
受験者平均点	43.7	63.2	32.8	22.8	162.5	
点数	41	69	24	18	152	
間違い直し後	50	81	36	24	191	

合格最低点	点数	点差	見直し後の点数	点差
	152	−32	191	+7

感想	字が雑で×になったものが多かった。

2019 1次	12/5 国語	12/5 算数	12/5 社会	12/5 理科	12/5 4科合計	/ 2科合計
合格者平均点	64.9	73.5	35.0	29.6	203.0	
受験者平均点	57.3	57.2	32.0	24.7	171.2	
点数	52	81	34	26	193	
間違い直し後	60	81	36	25	205	

それぞれの学校の過去問の得点は、安浪オリジナルの過去問得点記入表（左）や赤本についてくる入試結果表にまとめて「過去問結果ファイル」にとじる。

左の得点表を拡大コピーして使いましょう!

学校名

	国語	算数	社会	理科	4科合計	2科合計
配点						
目標点数						

	／	／	／	／	／	／
	国語	算数	社会	理科	4科合計	2科合計
合格者平均点						
受験者平均点						
点数						
間違い直し後						

合格最低点	点数	点差	見直し後の点数	点差

感想	

	／	／	／	／	／	／
	国語	算数	社会	理科	4科合計	2科合計
合格者平均点						
受験者平均点						
点数						
間違い直し後						

合格最低点	点数	点差	見直し後の点数	点差

感想	

	／	／	／	／	／	／
	国語	算数	社会	理科	4科合計	2科合計
合格者平均点						
受験者平均点						
点数						
間違い直し後						

合格最低点	点数	点差	見直し後の点数	点差

感想	

【書き方】

①目標点数を決める

過去5年ほどの合格最低点を見て、4科目（2科目）の目標合計点数を決めます。
その次に、目標合計点数に届くよう、各科目の目標点数を決めます。

②項目を記入する

〈解いた日付〉点数は、解いた時期とセットで見るように。全ての点数が出揃った日付を書く。

〈合格者平均点、受験者平均点〉これらを記入することで、その年の難度が把握できる。情報公開していない学校は無記入でOK。

〈点数〉点数を記入し、合格最低点との点差を＋－で記入。間違い直しをし〈間違い直し後〉に点数を記入し、「あと何点上乗せできたか」と比較。

〈感想〉解いた年度の振り返りを書く。子どもと親、それぞれが書くのもおすすめ。

＊オンラインサイト『中学受験カフェ』の有料会員になると、この「過去問得点記入表」や、「過去問分析シート」などのDLも可。
他にも授業動画、セミナー動画、オンライン相談会など様々なコンテンツが利用できる
https://juken-chugaku.com/

おわりに

中学受験は、努力が必ず「合格」という形で報われるわけではありません。もちろん合格に向けて全力は尽くしますが、どんなに頑張っても、成績が伴わなければ合格できませんし、どれほど学力がついていても、本番では体調、メンタル、実力発揮度といった様々な要素が絡んできます。

そのため、点数と合否だけを追っていると、受験はとても辛いものになってしまいます。子どもはもちろん、親もたくさんの時間を捧げ、相応のお金を使い、さらには、いろいろな感情と闘いながら入試までの日々を過ごします。そこまでして頑張ってきたのに、合格できなかったら……その辛さは、まさに筆舌に尽くしがたいものとなります。

でも、親子で頑張ったかけがえのない時間を、辛いだけの思い出にはしたくない、どんな結果になろうとも、「やって良かった」と思えるものにしたいですよね。

そのために、こんな視点を持ってみませんか。

たしかに、中学受験は努力が報われるとは限りません。でも、努力した分、必ず成長はできます。

もし、中学受験をしていなかったら、自分の体の仕組みを、三権分立の重要性を、知っていたでしょうか？　算数の難題を自ら図式化してチャレンジしたり、異性の心情を分析して言語化する機会があったでしょうか？

偏差値だけを見ていると、まわりも成長しているので変化になかなか気付きませんが、子ども自身に焦点を当てると、確実に成長しています。

そのためには、お子さんのことをしっかり見ること。そして、子ども自身が自分の成長を実感し、自信を持つこと――これこそが親にできる最大限のサポートではないでしょうか。

ノートで成長を感じる

この本を作るにあたり、たくさんの教え子からノートを譲り受けたり、借りたりしました。なかには、「ダメ、これは私だけの宝物だから」と言って貸してくれない子もいました。子どもたちにとって、いかにノートが大切な存在であるか、受験期の分身のような存在であるかを深く感じた次第です。

そして、集まったノート達からこの本の内容に該当するページを探していると、もう仕事などふっとんで、何度もウルウルしてしまいました。「あー、最初はこんなに雑だったっけ？　集中力もなかったよなぁ」「こっちのノートはレイアウトがめちゃくちゃだけど、こっちのノートは、全体を俯瞰して書けるようになってるなぁ」と教え子たちの成長を感じ、同時に私の隣で鉛筆を握って一生懸命ノートに書き込んでいた息遣いがよみがえってくるのです。それもこれも「アナログなノート」だからこそだと思います。

ノートには、折々の子どもの状態が如実に反映されています。やる気のなさ、自信のなさ、イライラ……。筆跡は本当に饒舌です。

でも、正しいノートの書き方を教え、根気よくつき合い続けると、ノートも子どもも、どんどん進化していきます。

ノートは、できなかったことができるようになったあかしの結集であり、子どもの成長の軌跡です。だから、ノートを見れば、親子で成長を実感することができます。

そして、正しいノートの書き方を知ることは、努力が報われる可能性も実は高めてくれます。努力の方向性が軌道修正されるとともに、本番で力を発揮できる盤石な力が身に付くからです。だから、ノートって本当に大切なんです。親子で一緒にこの本を読みながら取り組んでいただけたら、これほど嬉しいことはありません。

最後になりましたが、この本は、本当にたくさんの方々のご協力を得て、完成させることができました。

まずは、ノートを貸してくれた元受験生たち。本当にありがとう！　ＮＧ例として掲載されたノートも懐しいんじゃないかな？　「昔はこんな風に書いてたんだ」って（笑）。みんな、ノートと共に本当に成長したよね。

そして、算数以外の章を担当してくださった先生方、本当にありがとうございました。弊社でプロ家庭教師として一緒に頑張っている青山麻美先生（国語）、山下典子先生（理科）、中学受験専門の個別指導教室ＳＳ－１の中島恒彦先生（理科）、馬屋原吉博先生（社会）。みなさまの深い知識と情熱のおかげで、非常に実践的で有意義な情報をたくさんのご家庭に届けることができました。

最後に、ライターの森本裕美さん、編集の井上敬子さんにも大変お世話になりました。

一人でも多くの子どもたちが、この本を通じて成長してくれることを願っています。

２０２１年６月　　安浪京子

特別公開!

きょうこ先生が我が子に作る勉強環境

意外と大変で、しかも重要なのがテキストやノートなどの管理の仕方。
受験生の母でもある安浪京子先生は「親が仕組みを作ることが大事」と言います。
先生が実践している勉強環境の整え方を紹介します。

必要なものを集約！リビングの学習コーナー

安浪京子先生の息子さん・S君は、現在小学4年生で、中学受験を予定しています。S君の勉強机が置かれているのはリビング。目の前の壁には、スケジュールを管理するためのカレンダーやホワイトボードが貼られており、机の横には本棚が置かれています。「うちは間取りの関係でリビングに勉強机を置いています。隣には本棚（幅50㎝×高さ170㎝）を置いて、教科書や塾のテキスト類を収納しています。本棚は全5段で、1段目と4段目が参考書などの色々コーナー、息子が出し入れしやすい2・3段目が「学校＋塾」コーナー、5段目はノート類などのストック置き場になっています」（安浪先生）。「学校＋塾」のものは、教科や講習などのテーマでわけて、それぞれファイルボックスに入れているそう。

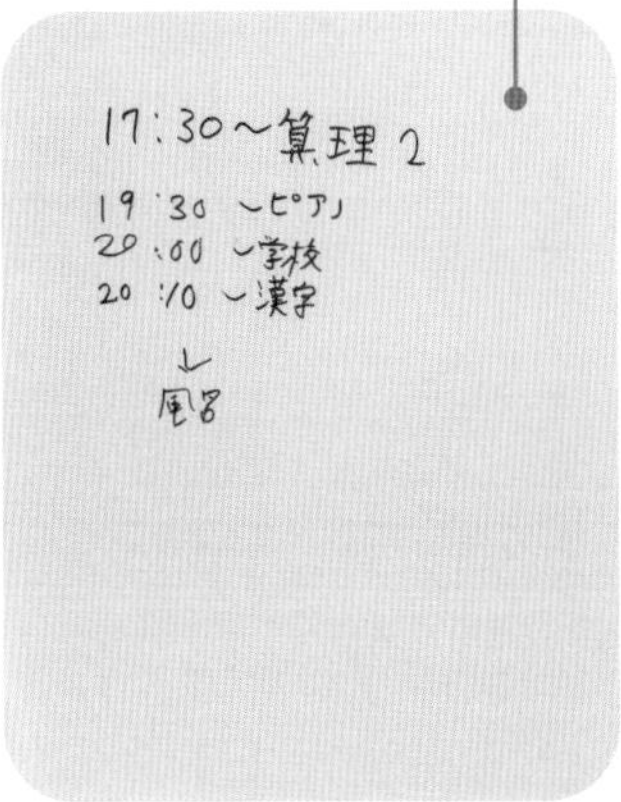

親子のメッセージボード としても活用

スケジュール表と時程が異なる日は先生が「今日やること」を書き出し、S君はそれを見てスケジュールを立てている。「おかえり!」などのメッセージが書かれることも。

スケジュールは 2か月単位で管理

学校&塾のスケジュール2か月分をカレンダーに書き込んで家族で共有。塾の日は青で、テスト日はピンクで囲っている。

これがないと 勉強が始まらない!

鉛筆削り、黒・赤・青の鉛筆、消しゴム、タイマー(計算問題の所要時間を計測)は机に常備。勉強前に最初にするのは鉛筆を削ること。

ボックスをわけて やるべきことを明確に

宿題など、これからやるものは「未」に、終わったものは「済」に。移動させるときに達成感も生まれる。

科目ごとのラベリングで定位置が一目瞭然

さらに、科目ごとに色を決めて、それをしまうファイルボックスとテキスト類に同じ色のシールを貼っています。「こうすれば、しまう場所が一目瞭然で、間違った場所に入れると目立つので子ども自身が管理しやすいです」。完璧に思える管理術ですが、「塾に通い始めて3か月で、もう満杯になりそう！　近々、仕組みをアップデートする予定です」と、安浪先生。今後は、終わった講習など過去のものは別の本棚に移し、ここには今使っているものだけを入れる予定とのこと。本棚は、スペースが許すなら幅40cm位×2つがおすすめだそう（80cm×1つだと棚板がたわみやすい）。

「まだまだ私も試行錯誤中ですが、勉強の環境を整えるのは親の役目です。一緒に頑張りましょう！」（安浪先生）

クリアファイルは横入れ式が便利!

復習テストの解答用紙をファイルに保存。横から出し入れできる「ヒクタス」を愛用。問題と答えは別途リング式のファイルに綴じている。

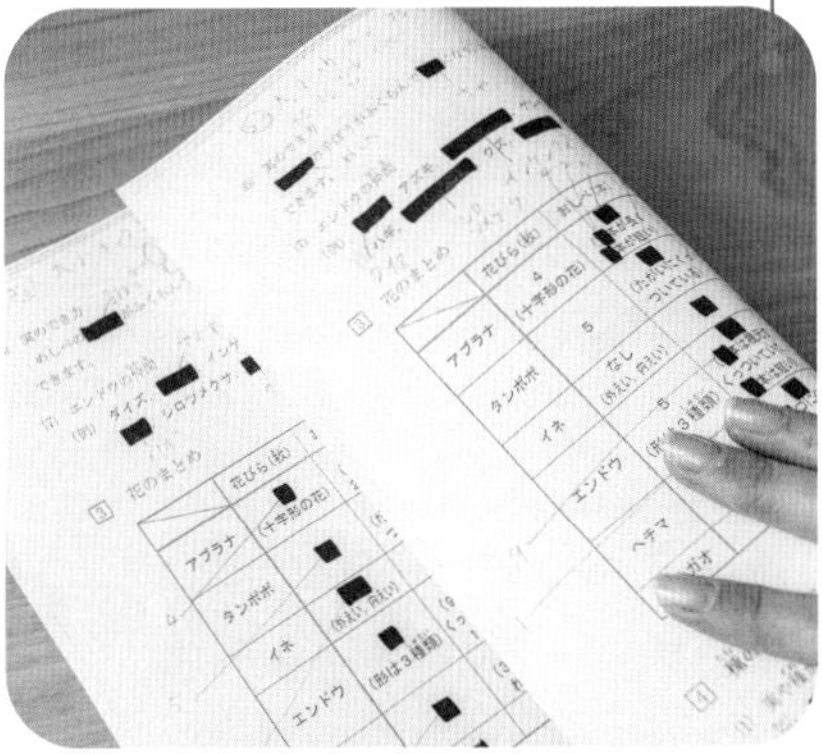

テキストを使い倒す自作の復習プリント

テキストのページを2枚コピーして、それぞれ別のキーワードを黒く塗り、両面コピーをして1枚に。裏返せば答えがわかるから便利。

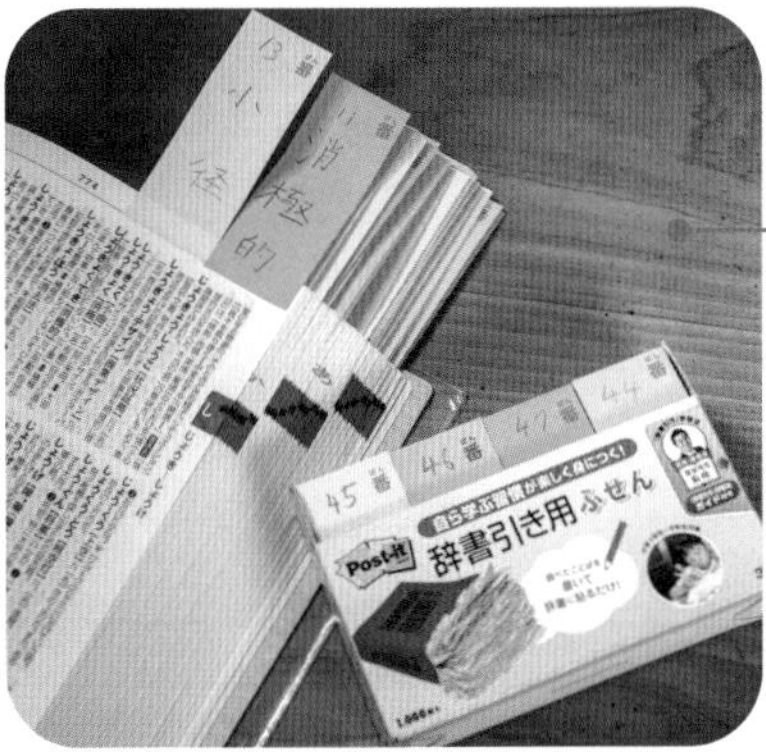

辞書引き用ふせんを貼ってやる気をアップ

調べた言葉にふせんを貼るようにしてから、辞書を引くのが好きになったそう。辞書とふせんは本棚の「国語ボックス」に入れている。

教科ごとに色を決めてわかりやすく

科目ごとに色を決め、テキスト類の背表紙&ファイルボックスに同じ色のシールを貼っている。これなら迷子にならない!

<算数以外の教科の協力者プロフィール>

国語

青山麻美

株式会社アートオブエデュケーション関西指導部長

プロ家庭教師・受験カウンセラーとして15年以上、1000人以上の生徒を担当。家庭教師をする際には、生徒のノートの書き方から指導することを心がけ、子供の自主性、積極性を高めている。特に国語の読解の指導に定評がある。灘、東大寺、神戸女学院、四天王寺など合格実績多数。生徒の気持ちに寄り添い受験を通して人生を生きていく力をつけてもらうことを目標にしている。雑誌「プレジデントファミリー」などで取材多数。

理科

中島恒彦

中学受験専門の個別指導教室 SS-1 自由が丘教室長

多くの塾が軒を連ねる自由が丘の教室責任者に就任して約10年、1000件を優に超える学習カウンセリングを担当してきた。完全1対1、常時保護者見学可という環境で直接サポートしてきた家庭だけでも数百に及ぶ。ありとあらゆる理科・算数の解法に精通している実力派講師。笑顔を絶やさない温厚な人柄と粘り強い性格で、中学受験生や保護者の方はもちろん、自由が丘で活躍するスタッフ・講師からの信頼も厚い。

理科

山下典子

株式会社アートオブエデュケーションプロ家庭教師

関西の大手中学受験塾にて理科講師として、またプロ家庭教師としていずれも20年以上指導にあたる。そのかたわら、受験コンサルタントとして、大学受験まで様々な相談に乗り、指導にあたる。甲南女子大学大学院にて社会心理学で博士課程修了。社会学修士、社会調査士。神戸大学経済経営研究所研究員。現在、理系分野での博士号取得に向けて日々活動中。

社会

馬屋原吉博

中学受験専門の個別指導教室 SS-1 副代表

大学・高校受験の指導経験を積み、現在では中学受験の指導に専念している。10年続けてきた保護者同席型集団授業「最速社会」は2020年よりオンライン化。バラバラだった知識同士がつながりを持ち始め、みるみる立体的になっていく授業は、全国の受験生はもちろん保護者にも好評。「頭がよくなる　謎解き社会ドリル」「今さら聞けない！政治のキホンが2時間で全部頭に入る」など、中学受験生に役立つ著書も多数執筆。

［著者］
安浪京子

算数教育家、中学受験専門カウンセラー、株式会社アートオブエデュケーション代表取締役、オンラインサイト中学受験カフェ主宰。気象予報士。神戸大学を卒業後、関西、関東の中学受験専門大手進学塾にて算数講師を担当後独立。当時の生徒アンケートでは100%の支持率を誇る。プロ家庭教師歴20年超。きめ細かい算数指導とメンタルフォローをモットーに、毎年多数の合格者を輩出。中学受験、算数、メンタルサポートなどに関するセミナーを開催、算数力をつける独自のメソッドは多数の親子から支持を得ている。「きょうこ先生」として多数のメディアでさまざまな悩みに答えている。著書に『中学受験　6年生からの大逆転メソッド』（文藝春秋）など多数。

中学受験　必勝ノート術
――カリスマ家庭教師のワザを親子で実践！

2021年7月13日　第1刷発行
2023年2月28日　第5刷発行

著　者――安浪京子
発行所――ダイヤモンド社
〒150-8409　東京都渋谷区神宮前6-12-17
https://www.diamond.co.jp/
電話／03･5778･7233（編集）　03･5778･7240（販売）

撮影――――須藤明子
イラスト――渡邉美里（うさみみデザイン）
ブックデザイン―喜來詩織（エントツ）
校正――――NA Lab.　シーモア
ＤＴＰ―――エヴリ・シンク
製作進行――ダイヤモンド・グラフィック社
印刷／製本―勇進印刷
編集協力――森本裕美
編集担当――井上敬子

ISBN 978-4-478-11368-4